Christian Hoffmann
Wanderer am Weltenrand

Christian Hoffmann

Wanderer am Weltenrand

2009

BOUVIER

„Es wäre ganz falsch, wenn man Konvertiten unter
Generalverdacht stellt. Schon vor 20 Jahren hatten wir im
Konrad-Adenauer-Haus einen Mitarbeiter, ein hoch gebilde-
ter Mann. Der kam nicht aus einem türkischen oder arabischen Hintergrund. Der war einfach
ein deutscher Muslim."

Bundesinnenminister Wolfgang Schäuble:
„Selbst im Vatikan schauen sie auf uns."

Süddeutsche Zeitung, 13. 03. 2008

ISBN 978-3-416-03262-9

©Bouvier Verlag, Bonn 2008

Inhalt

Palm Springs: Über dem Andreasgraben

Der Wind fegte aus dem Westen vom Pazifik her über den Gebirgskamm. Er stürzte hinab in das Tal von Palm Springs, trieb entwurzelte Ginsterbüsche vor sich her und pfiff durch Jahrhunderte alte Krüppelkiefern. Im Norden schob sich der Smog von Los Angeles in dicken Wolken durch den Pass. Wild drehten sich Tausende weißer Windmühlen rechts und links vom Highway, der die ständige Autokarawane von Los Angeles nach Las Vegas führte.

Der Mann saß fröstelnd im Windschatten seines Hauses, das sich einen Steinwurf unterhalb des Gebirgskammes an einen Haufen meterhoher Findlinge lehnte, und blickte hinab ins Tal. Während der Schein der versinkenden Sonne langsam abnahm, begannen Millionen von Lichtern zu glühen, ein Teppich funkelnder Diamanten legte sich über das Tal. Von hier oben, aus der Distanz, war zwischen all den Lichtern die dunkle Furche des Andreasgrabens zu sehen – ständige Mahnung, dass sich dort unten zwei Erdschollen aneinander rieben, sich verkantet hatten und jederzeit wieder lösen konnten, um mit gewaltigen Erdstössen die Bemühungen der Menschen, den Wüstenboden im Tal bewohnbar zu machen, zu zerstören. Er versuchte, nicht an den Sprung in der Betonplatte zu denken, die das Fundament seines Hauses war: irgendwann würden auch diese beiden Plattenhälften auseinanderdriften…

* * *

Der Blick aus der Entfernung war sein Lebensprinzip, das Haus war sein archimedischer Punkt, ein Ort von dem aus er die Dinge mit großem Abstand betrachtete und versuchte, Fragen zu stellen und Antworten zu finden, auf die man im Alltagsgewühl nicht kam. Sein ganzes Leben lang hatte der Mann immer wieder die Distanz gesucht, um aus ihr die Dinge nüchterner, klarer betrachten zu können. Nicht immer war solcherart gewonnenes Wissen erwünscht oder angenehm, nicht immer hatte er sich beliebt gemacht, wenn er unliebsame Erkenntnisse aussprach. Er war im Geist der Freiheit erzogen worden, er hatte das Credo des Westens erlernt, dass die Gedanken frei sind und dass es die Freiheit gibt, sie auszusprechen. Nur schwer hatte er im Lauf seines Lebens erkannt, dass es manchmal besser sein kann zu schweigen. Aber je älter er wurde, desto weniger hatte er sich an diese Erkenntnis gehalten.

Langsam folgte sein Blick dem Kondensstreifen eines Flugzeuges in Richtung Osten, weit hinüber bis nach Arizona. Seine Gedanken glitten über den Kontinent und den Atlantik hinweg nach Europa, nach Deutschland. Und er dachte an die Welle von Veröffentlichungen und Erklärungen von Politikern und Journalisten die sich mit den Jubiläen des Jahres 2008 beschäftigte: die Achtundsechziger und ihre Folgen, der Vietnam Protest, der Tod Benno Ohnesorges, die Hippies. Er konnte sich dieser Erinnerungswut nicht entziehen, denn auch bei seinen Vorträgen und Interviews wurde er immer wieder mit seiner eigenen Vergangenheit konfrontiert: Fast zwanzig Jahre nach seinem Bekenntnis zum Islam und fast fünfzehn Jahre nachdem er der Politik den Rücken gekehrt hatte, wurde er in der öffentlichen Meinung immer noch als der ehemalige CDU-Politiker geführt, immer noch wurde die Frage gestellt, was denn zur Aufgabe seiner Position in der Bundesgeschäftsstelle geführt habe. Seine Interviewpartner und seine Zuhörer wollten immer wissen, wie es denn gewesen war. Nur selten konnte er durchsetzen, dass über seine Ideen für die Zukunft gesprochen wurde. Er hatte manchmal Zweifel an der Ehrlichkeit des ständig gegenwärtigen Wunsches nach Geschichtswissen, es schien ihm als sei es eher eine Flucht vor den Ungewißheiten der Zukunft, die seine Landsleute die Fragen nach der Vergangenheit stellen ließ.

* * *

Wie so oft in den vergangenen Jahren war er hierher gekommen, um sich zu finden und um neue Energie zu tanken. Doch diesmal war er nicht wirklich zur Ruhe gekommen, sondern hatte Rückschau gehalten auf seine Zeit in der Politik und sich erinnert: an das jahrelange vergebliche Mühen, der CDU einen neuen Geist einzuhauchen, an die permanente Weigerung dieser Partei sich zu öffnen, ihre Ablehnung der Gedanken eines der Urväter der Grünen, Herbert Gruhl – immerhin Mitglied der Fraktion von CDU und CSU im Deutschen Bundestag. Er dachte an die Folgen dieses Beharrens: Das Ende der Volksparteien. Die Entwicklung weg von einem stabilen System von zwei großen und einer kleinen Partei zu den Unwägbarkeiten eines fünf Parteien Systems und damit die Entwicklung der Notwendigkeit, nun im Parlament zwischen den Parteien etwas aushandeln zu müssen, was früher innerhalb einer Partei ausdiskutiert und entschieden wurde.

Als Mensch, der immer in die Zukunft blickte, wußte er, dass an der Vergangenheit nun einmal nichts mehr zu ändern war, aber vielleicht konnte er am Beispiel der falschen oder unterbliebenen Weichenstellungen doch erläutern, warum es für die Zukunft kein „Weiter so!" gab, wie einer der erfolgreichsten Slogans der CDU gelautet hatte.

* * *

Er blickte wieder hinab ins Tal auf den Andreasgraben. Irgendwann würde sich zwischen den beiden Erdplatten so viel Spannung aufgeladen haben, dass es zu einer gewaltigen Entladung kommen mußte, zu einem Erdbeben von nie da gewesener Stärke. Kein Mensch konnte den Zeitpunkt voraussagen und niemand konnte sich die Folgen auch nur im Ansatz vorstellen. Naturgewalten waren nicht beherrschbar. Aber bei Konflikten zwischen Menschen konnte man es wenigstens versuchen – oder besser, man war dazu verpflichtet. Er dachte an eine weitere Vorhersage, die Thesen des amerikanischen Autors Huntington, der behauptete, dass es weltweit zu einem Kampf der Kulturen kommen würde, ja kommen mußte. Huntington geht davon aus, dass Kulturen mehr oder weniger monolithisch sind. Sie enthalten unvereinbare Elemente, und deshalb ist ein Konflikt auf Dauer nicht zu vermeiden. Der Mann hatte sich immer an diesen Thesen gerieben. Er wehrte sich gegen die Personalisierung von Kulturen: Es sind nicht Kulturen, die handeln und sich bekämpfen – es sind immer Menschen, die die Entscheidung treffen, in Frieden miteinander zu leben oder Krieg zu führen. Es gab für ihn keine Religion und keine Kultur die „automatisch" zu Feindseligkeiten führen mußte. Für ihn galt, was Ilija Trojanow und Ranjit Hoskoté in ihrem Buch „Kampfabsage – Kulturen bekämpfen sich nicht" festgestellt haben:

„In unserem Buch haben wir nach Verbindungen gesucht, die manchmal untergegangen sind oder zu einem Hintergrundgeräusch verzerrt wurden, die jedoch Menschen über die so genannten Verwerfungslinien zwischen Zivilisationen und Kulturen hinweg zusammengeführt haben. Wir wollten zeigen, dass Zivilisationen miteinander verwoben sind…Den Zusammenfluß anzunehmen, heißt den Kampf abzusagen; den Kampf abzusagen, heißt den Zusammenfluß anzunehmen."[1]

Durch sein Leben in vielen Kulturen hatte er außerdem erkannt, dass keine Kultur ein monolithischer Block ist, sondern durchzogen mit vielfältigen Einschlüssen anderer Kulturen. Und durch seine erfolgreiche Tätigkeit als Berater für Regierungen in aller Welt und große multinationale Unternehmen war sein ganzes Leben ein einziger Beweis, dass Konflikte vermeidbar sind und dass es – anders als in der Natur – die gewaltsame Entladung kultureller und politischer Spannungslinien nicht zwangsweise geben musste. Er hatte mehr als einmal dazu beigetragen, Spannungen abzubauen, zu entschärfen und damit deutlich zu machen, dass Spannun-

---

[1] Ilija Trojanow, Ranjit Hoskoté, Kampfabsage. Kulturen bekämpfen sich nicht – sie fließen zusammen, Blessing, 2007, S. 228.

gen nicht zu Konflikten, Konflikte nicht zu Kriegen führen mussten.

Es war ihm bewußt, dass es ganz unterschiedliche Arten geschichtlicher Ereignisse gab: diejenigen, die völlig unvorhergesehen, ja unvorhersehbar die Welt an einem Tag veränderten, wie z. B. der Mord an Präsident Kennedy und der Angriff auf die Türme des World Trade Centers in New York am 11. September 2001. Es gab globale Wellen, gewissermaßen gesellschaftliche Tsunamis, wie z. B. den Aufbruch der Jugend in den sechziger Jahren des zwanzigsten Jahrhunderts. Und es gab Eruptionen, wie den 9. November 1989, als der Damm (die Mauer) brach und ein diktatorisches System zusammenbrach – für ihn ein Beweis, dass Druck Gegendruck hervorbringt und eines Tages die Unterdrücker hinwegfegt und Grundlage der Erkenntnis, dass nur Systeme, die sich selbst erneuern und offen sind, überlebensfähig sind.

Schließlich hatte er auch gelernt, dass es – genau so wenig wie es monolithische Kulturen gab – nicht „die Geschichte" gab, einzigartig und unabänderlich festgeschrieben. Geschichte entstand aus Geschichten und es bestand die Möglichkeit, dass Geschichte von unterschiedlichen Menschen ganz unterschiedlich geschrieben wurde: z. B. zur Begründung von Machtansprüchen oder aber zur Vermeidung von Konflikten.

Martin Vogtherr

Martin Vogtherr wurde im März 1948 in Berlin geboren. Zur Zeit seiner Geburt waren seine Eltern durch die Wirren der Nachkriegsjahre getrennt worden: Seine Mutter, eine Berlinerin, und sein Vater, ein Münchner, lebten beide in ihrer Geburtsstadt. Sechs Monate nach seiner Geburt überredete seine Mutter während der Blockade Berlins durch die Truppen der Sowjetunion einen britischen Piloten, Mutter, Kind und Kinderwagen im leeren Bauch eines „Rosinenbombers" von Berlin nach München mit fliegen zu lassen. Die Frage nach dem Preis, den sie dafür zu bezahlen hatte, wurde in der Familie nie gestellt. In München angekommen, erkämpfte die Mutter für sich und ihren Sohn das Recht zu bleiben, wo man sie nicht haben wollte. Denn beide hatten nicht das, was man im damaligen Deutschland eine Zuzugsgenehmigung nannte, und die Münchner wollten die unwillkommene Berlinerin am liebsten sofort wieder zurückschicken. Der Wunsch, zwei zusätzliche Esser los zu werden, war größer als ein mögliches christliches Gebot der Familienzusammenführung.

Als sechs Monate altes Baby nahm er von diesem Kampf keinerlei Notiz. Später wurde davon immer wieder als große Heldentat seiner Mutter berichtet. Die Ablehnung der Münchner Behörden wurde für ihn zu einem ersten Beispiel der Haltung seiner Landsleute, als Ortsansässige darüber bestimmen zu wollen, wer bei ihnen zuziehen und wohnen darf und wer nicht.

Schulzeit

Die Schulzeit brachte für Martin Vogtherr zwei diametral entgegen gesetzte Erfahrungen: Während der Grundschulzeit erfuhr er nach jedem Umzug der Familie, dass er der Andere, der Zugereiste war. Später auf einem internationalen Gymnasium lernte der, dass alle Menschen gleich geschaffen sind, dass Freiheit und Offenheit Vielfalt ins Leben bringen und dass diese Vielfalt eine große Bereicherung ist. Die dazwischen liegende Schulzeit in England lehrte ihn die Distanz sich selbst und anderen gegenüber, eine Eigenschaft, die es ihm ein Leben lang ermöglichte emotionslos und nüchtern Probleme und Konflikte zu analysieren, Lösungen zu erarbeiten und durchzusetzen.

I Die Entdeckung des Andersseins

Martin Vogtherr wuchs in München auf, nach seinem sechsten Geburtstag zog die Familie nach Hamburg, und als er zehn Jahre alt war, folgten er und seine Mutter dem Vater nach Bonn. Die Umzüge waren von schmerzlichem Abschied nehmen begleitet und von dem schwierigen Prozeß der Anpassung in einer neuen Umgebung. Denn anders als er es später in den USA erleben sollte, wurde dem Neuen in der Schule und in der Nachbarschaft nicht mit Neugier und Offenheit begegnet, sondern mit fragendem Blick und Misstrauen. Weihnachten brachte für ihn in allen Schulen ein reales Erlebnis des Ausgeschlossenseins: Im säkularisierten Deutschland der späten fünfziger und frühen sechziger Jahre war das Krippenspiel in der Schulaula immer noch eines der zentralen Ereignisse des Schuljahres. Doch weil in München seine Aussprache, die er von seiner Hannoveraner Großmutter gelernt hatte, zu Hochdeutsch war, man in Hamburg einen klaren bayerischen Tonfall zu erkennen glaubte und ihm in Bonn ein Hamburger Akzent bescheinigt wurde, blieben für ihn im Krippenspiel immer nur stumme Rollen übrig: meistens der Hirte im Lodenmantel in der rechten hintersten Ecke der Bühne. So lernte er schon in seiner frühesten Jugend, einerseits in einem sehr undeutschen Sinn mobil zu sein, andererseits wurde ihm von seiner Umwelt das Gefühl, anders, fremd zu sein, aufgeprägt.

II Die Entdeckung der Freiheit

Martin Vogtherr wurde bewußt als ein Kind der Moderne erzogen. Seine Mutter hatte den Traum, ihm eine internationale Erziehung zu ermöglichen. Als sie von einer internationalen, mit amerikanischen Geldern finanzierten Oberschule in Bad Godesberg, dem Nicolaus Cusanus Gymnasium, hörte, setzte sie alles daran, ihn dort unterzubringen. Dort lernte er durch das Vorbild seiner Lehrer, daß eine Demokratie vom Engagement ihrer Bürgerinnen und Bürger lebt, und das Zusammenleben mit seinen Mitschülerinnen und Mitschüler aus aller Welt machte ihn in frühen Jahren zum Weltbürger.

Sein Klassenkamerad aus Japan z. B. war für ihn kein fremdartiger Orientale, sondern sein Freund Shinichi, mit dem er gemeinsam durch dick und dünn ging. Und auch alle anderen in seiner Klasse, gleich ob aus Indonesien oder Ecuador waren ihm nicht eine Minute lang fremd.

Das Motto seines Gymnasiums lautete „Eadem spectamus astra" – „Wir sehen die gleichen Sterne". Die Schüler begegneten sich auch als Gleiche. Niemand kam – nicht einmal im Traum – auf die Idee, sich besser, zivilisierter oder aufgeklärter zu fühlen als der andere.

Als Redakteur der Schülerzeitung und als Schulsprecher übte er schon früh für zwei seiner späteren Hauptbeschäftigungen: in gewählter Funktion etwas für die Gemeinschaft zu tun und darüber – aber natürlich auch über andere Themen – zu schreiben. Während er als Schulsprecher ausgleichend und diplomatisch, aber trotzdem zäh seine Ziele verwirklichen konnte, war er als Autor immer wieder eine Zumutung und bereitete nicht nur seinen Eltern schlaflose Nächte: Als z. B. die Reparaturarbeiten an der Schulaula nicht voran kamen, schrieb er eine ätzende Kolumne über den Status quo und als immer deutlicher wurde, dass am Dienstag Morgen mehr Schüler im Café saßen als gegenüber in der Kirche beim Schulgottesdienst, forderte er, konsequent zu sein und den Schulgottesdienst abzuschaffen. Das war kein Text, der ihm die

Herzen des Direktors und vieler Lehrer zufliegen ließ. Später nahm der Direktor subtil Rache: Er bat Martin Vogtherr ausdrücklich darum, die Abiturrede zu halten und gab ihm, dem so ganz angelsächsisch geprägten, als Abschiedsgeschenk ein dickes Buch mit klassischem Inhalt: Ilias und Odyssee von Homer. Vogtherr seinerseits bewies Bockigkeit: bis zu seinem sechzigsten Geburtstag hat er das Buch nicht gelesen.

III In England – Erziehung zur Distanz

Die Familie von Martin Vogtherr war im liberalen, kunstsinnigen Teil des Familienspektrums angesiedelt. Doch auch hier gab es klare Grenzen: Kunstgenuß ja, aber die Idee, dass ein Familienmitglied Künstler werden könnte, war absolut tabu. Als Martin beschlossen hatte, von der Schule abzugehen und Schauspieler zu werden, rannte er zum ersten Mal in seinem Leben gegen eine undurchdringliche Wand. Ein Konflikt, der nicht vorhersehbar gewesen war und darum auch nicht vermeidbar, brach zwischen ihm und seinen Eltern aus. Um seine Pläne zu verwirklichen, suchte er die Hilfe seiner „eingeheirateten" Tante, einer ehemaligen Schauspielerin, ohne zu bedenken, dass diese nie wirklich in die Familie aufgenommen worden war. Diese hatte nichts Besseres zu tun, als seine, ihr im Vertrauen offenbarten Pläne, an seine Eltern weiter zu erzählen. Für Martin Vogtherr war das sein erstes schmerzhaftes Erlebnis des Verrats und er zog daraus die Konsequenz, nicht einmal Menschen in seiner engsten Umgebung vollkommen zu vertrauen.

Um ihn zu disziplinieren, schickten ihn seine Eltern kurzer Hand als Austauschschüler an eine englische Grammar School im Süden Londons. Dieser Aufenthalt hatte einen enormen Einfluß und bleibende Folgen auf sein weiteres Leben, angefangen von seinen sprachlichen Fähigkeiten, bis hin zu seiner gesamten Lebensweise. Er lernte z. B. Aufsätze nach einer vorgegebenen Zahl von Wörtern zu schreiben – für jedes Wort über dem Limit gab es Strafpunkte. Dieses Verfahren zwingt zu sprachlicher Präzision und Wortökonomie, so dass er sich ein für alle Mal alle Neigungen zu deutscher Weitschweifigkeit abgewöhnte. In der Debattierklasse lernte er – als von seinen Lehrern gestellte Übung – jeden vorgegebenen Standpunkt so gut es ging und mit so logischen Argumenten wie irgend möglich zu verteidigen. Auch das war eine Technik der inneren Distanz.

Fairness wurde ihm im Novemberschlamm auf dem Rugbyfeld eingeprügelt. Und er lernte sich als „fifthformer" (Fünfklässler) unterzuordnen, denn über ihm herrschten die „sixthformer" (Sechstklässler), die nicht nur die Aufpasser in den Klassen stellten und den Schulpräfekten, sondern darüber hinaus jede Menge Privilegien hatten: Egal wie lange die Fünftklässler z. B. im Nieselregen in einer Schlange an der Bushaltestelle gewartet hatten, wenn der Bus gleichzeitig mit ein paar Sechstklässlern ankam, dann stiegen selbstverständlich sie ein und der Rest wartete auf den nächsten Bus. Den Prinzipien dieser Schule entsprechend, wurden die Jungen erst einmal auseinander genommen, um dann wieder zusammengesetzt zu werden. Ihnen wurden manchmal brutal ihre Grenzen aufgezeigt, um sie dann zu trainieren, im Leben mit ganzem Einsatz bis an ihre Grenzen und darüber hinaus zu gehen. Es war eine Erziehung nach dem Motto: „Wer nie jemand die Stiefel geküsst hat, darf auch nie jemanden in den Hintern treten."

Diese Erziehung war meilenweit von jener alten deutschen Erziehungstradition entfernt, die die Schüler auseinander nahm, um sie zu gefügigen Untertanen zu machen, aber auch meilenweit entfernt von einer Erziehung, die aus lauter Angst vor falscher Erziehung überhaupt nicht mehr erzieht. Es war eine harte Lehre und oft heulte sich Martin Vogtherr in den Schlaf, aber heute weiß er, wie wichtig diese Zeit für ihn war.

In England begann er auch, Kampfsport zu trainieren. Einmal mit einem Schulkameraden mitgegangen, fand er bald Gefallen an dem Ritual des gegenseitigen Kräfte Messens. Er lernte, sich der eisernen Disziplin seines Meisters zu unterwerfen und von ihm zu lernen. Er genoss die körperliche Erschöpfung und begann, immer mehr von sich zu fordern.

Während seiner Schulzeit fand der erste Wahlkampf statt, den er bewußt miterlebte. Als 1964 am Ende die Labour Partei mit Wilson an der Spitze den Sieg davon trug, öffneten sich für ihn völlig neue Perspektiven: Die Bürger eines Landes hatten tatsächlich eine amtierende Regierung in die Wüste geschickt und die Alternative gewählt – für einen jungen Menschen aus dem erstarrt scheinenden Deutschland eine fast unglaubliche Situation!

Zeitweise konnte er nach seinem Schulaufenthalt besser Englisch als Deutsch sprechen und schreiben, und auch heute noch denkt er englisch – höchstwahrscheinlich die Voraussetzung dafür, dass er später jahrelang als Politikberater für so viele verschiedene Politiker Texte schreiben konnte. Denn durch seine Distanz zur eigenen Sprache hatte er eine besondere Voraussetzung, sich in die Stilfiguren anderer hineinversetzen zu können.

Studium

Das Scheitern von Ludwig Erhard in den sechziger Jahren war für Martin Vogtherr während seiner Schulzeit zu einem warnenden Beispiel geworden: Erhard hatte kein Instrumentarium, die wirtschaftliche Rezession zu beherrschen und die Arbeitslosigkeit zu bekämpfen. Seine beschwörenden Appelle zum Maßhalten erwiesen sich als untaugliche Mittel der Wirtschaftspolitik. Für Martin Vogtherr wurde deshalb klar, dass die Grundlage guter Politik nur eine stabile wirtschaftliche Lage sein konnte, und die logische Folge war – nach einem ermüdenden Versuch, sich an der Uni Bonn bei den Professoren Benno von Wiese und Richard Alewyn mit Germanistik und bei Papajewski mit Anglistik zu beschäftigen –

Volkswirtschaft mit dem Schwerpunkt Wirtschaftspolitik zu studieren.

In München gab es 1967 einen der wenigen Lehrstühle für Wirtschaft und Gesellschaft Osteuropas, und bei dem unvergessenen Professor Hans Raupach lernte er alle theoretischen Aspekte und praktischen Unzulänglichkeiten geplanter Wirtschaftsordnungen kennen. Es gab für ihn deshalb überhaupt keine Alternative: Planwirtschaft war eine ungeheuere Verschwendung von Ressourcen, die die menschlichen Bedürfnisse nicht befriedigen konnte. Er wurde zum Marktwirtschaftler, zum Anhänger der Idee einer Sozialen Marktwirtschaft, in der Ungerechtigkeiten des reinen Marktmechanismus durch eine ausgleichende Sozialpolitik korrigiert werden mußten und sollten. Zu einer Zeit, in der in der SPD und im linken Spektrum der Politik die Notwendigkeit gesamtgesellschaftlicher Planung hinauf- und herunterdekliniert wurde, war deshalb sein Weg in die CDU vorgezeichnet. Einziges Handicap: Die CDU war eine Partei alter Männer, die keinerlei Bezug zur Lage der Zeit hatten – eben bis zur Wahl des neuen Bundesvorstandes 1973.

DIE SECHZIGER JAHRE:
ERUPTION DER FREIHEIT

1968: freedom now, eine Generation im Aufbruch

Die „Achtundsechziger" sind heute für viele in Deutschland und besonders für die Konservativen Schuld an allem, was in den vergangenen Jahren in Deutschland falsch gelaufen ist und damit zum willkommenen Sündenbock für eigene Versäumnisse. Sie waren die wilden Gesellen, die Schuld sind an der Zerstörung aller Werte und der Unterminierung der Grundlagen der Gesellschaft. Allenfalls gesteht die CDU heute Denkern wie z. B. Warnfried Dettling und Ulf Fink zu, „alternative Achtundsechziger" gewesen zu sein.

Auf der anderen Seite ist es für das linke Spektrum der deutschen Gesellschaft selbstverständlich, sich auf die Achtundsechziger zu berufen. Ohne jeden Zweifel wird angenommen, dass der Keim der grünen Bewegung nur bei der SPD und den Grünen zur Entfaltung kommen konnte.

Diese Betrachtungsweise verkörpert scheinbar logisch zwei Seiten einer Medaille: Auf der einen Seite die positive Bewertung der Ereignisse der späten sechziger Jahre auf der anderen ihre Negative Bewertung. Doch es ist eine sehr deutsche Medaille. Natürlich hatte die damalige Bewegung einen starken Trend gegen das „Establishment" und eine starke Neigung zur antiautoritären Erziehung – ein Graus für die staatstragende, familienorientierte Partei, wie die CDU es war. Doch die andere Seite, die durch das Entdecken alternativer Lebensformen und den sensiblen Umgang mit den Ressourcen der Erde gekennzeichnet wurde, mußte durchaus nicht notwendiger weise Wasser auf die Mühlen der SPD und der späteren Grünen sein. Weil es linke Studenten waren, konnten diese Gedanken nicht gut sein und darum schnitt sich die CDU selber davon ab, das zukunftsorientierte Potential dieser Gedanken zu erkennen.

Wegen des Streites, was gut und was schlecht war an den Achtundsechzigern, wird eine viel wichtigere Frage gar nicht gestellt: Warum es überhaupt dazu kam: Für Martin Vogtherr schien die Antwort klar zu sein. Die Botschaft der alten, grauen regierenden Männer versprach Freiheit (das schloß für ihn Vielfalt und Kreativität mit ein.) Sie selber aber lebten nur Restauration und Konvention. Ohne die Bereitschaft, neue Gedanken aufzunehmen bzw. sie überhaupt erst einmal auf ihre Relevanz zu prüfen, mußte es irgendwann einmal zu einer Eruption kommen. Das Wort Reform stellte ihr eigenes Handeln beim Wiederaufbau in Frage. Es war darum für die CDU tabu. Je länger der Druck wuchs, ohne dass die Konservativen ein Ventil für ihn öffneten, desto wahrscheinlicher wurde eine Eruption: und 1967 war es so weit. Bundesinnenminister Wolfgang Schäuble spricht sogar von „historischer Zwanghaftigkeit":

„Als ich Thomas Nipperdeys „Deutsche Geschichte" Gelesen habe, haben mich die gesellschaftlichen Verhältnisse Ende des neunzehnten Jahrhunderts in vielem noch an meine Kindheit in der ersten Hälfte der fünfziger Jahre erinnert. Was für mich übrigens eine Erklärung dafür ist, dass die Achtundsechziger geradezu mit historischer Zwanghaftigkeit auftreten mußten."[2]

* * *

Im Nachkriegsdeutschland aufzuwachsen hieß unter dem Banner der Freiheit aufzuwachsen. Nach dem Ende der Diktatur des Dritten Reiches war der Erdball neu aufgeteilt worden: Der Westen war das Reich der Freiheit, der Demokratie und des wirtschaftlichen Erfolges. Der Osten war das Reich der Unfreiheit, der Diktatur und des Mangels. Eine dritte Gruppe von Ländern waren die Blockfreien. Das Selbstbewußtsein des Westens war so groß, dass die Menschen dort von einer ersten, einer zweiten, und (oftmals herablassend) von einer dritten und sogar einer vierten Welt sprachen.

Im westlichen Deutschland, wo Martin Vogtherr aufwuchs, ließen Wohlstand, Wachstum und Vollbeschäftigung

---

[2] Wolfgang Schäuble, Wir müssen den Muslimen Zeit geben, in: Frankfurter Allgemeine Zeitung, 20. Mai 2008, S. 37.

die Menschen die Frage nach ihrer Identität verdrängen, die Devise lautete Wohlstand für alle, statt Patriotismus oder Nationalbewußtsein für die Deutschen. Das alles ging so lange gut, bis in den sechziger Jahren die heranwachsende Generation begann, an die Freiheit zu glauben, die ihr ihre Eltern predigten und die Vermessenheit hatte, das Versprechen der Freiheit ernst zu nehmen. Auf einmal wurde aus dem abstrakten Gedanken der Selbstbestimmung der Völker die ganz konkrete Inanspruchnahme persönlicher, individueller Freiheit. Selbstverwirklichung wurde zum Schlagwort einer Generation, die nicht länger Herkömmliches nur akzeptierte, weil es „immer so gewesen" war, sondern, die unter den Talaren nur den Muff von Tausend Jahren entdeckte und Talare, Talarträger und das ganze Establishment kräftig entstaubte.

Wie viele seiner Zeitgenossen nahm auch Martin Vogtherr das Recht in Anspruch, frei zu sein, frei zu denken, frei zu leben. „Freedom now!" hieß die Devise seines Lebens, und damit begann der Konflikt mit denen, die zwar Freiheit propagierten, es aber unerhört fanden, dass Menschen unter Freiheit etwas anderes verstanden als sie selbst.

* * *

Wenn man heute von „den Achtundsechzigern" spricht entsteht der Eindruck als sei diese Bewegung weltweit und homogen gewesen. Doch erstens war es nur eine Bewegung der jungen Generationen in den Wohlstandsnationen des Nordens. Zweitens gab es jenseits von Rockmusik und Hippiekleidung in einzelnen Ländern ganz unterschiedliche Ausprägungen, von der linkspolitischen Prägung in Deutschland über die französische Totalkritik an der Regierung, bis hin zur Fokussierung auf neue Lebensformen in Kalifornien: Im Westen der USA war die alternative Bewegung bestimmt von den Grundsätzen eines Individualismus, der in gemeinschaftsorientierte Lebensformen eingebunden war. Vierzig

Jahre später beschreibt Barack Obama in seinem Buch „The Audacity of Hope" diese Form des eingebunden Individualismus:

„If we Americans are individualistic at heart, if we instinctively chafe against a past of tribal allegiances, traditions, customs, and castes, it would be a mistake to assume that this is all we are. Our individualism has always been bound by a set of communal values, the glue upon which every healthy society depends. We value the imperatives of family and the cross-generational obligations that family implies. We value community, the neighbourliness that expresses itself through raising the barn or coaching the soccer team. We value patriotism and the obligations of citizenship, a sense of duty and sacrifice on behalf of our nation. We value a faith in something bigger than ourselves, whether that something expresses itself in formal religion or ethical precepts. And we value the constellation of behaviors that express our mutual regards for one another: honesty, fairness, humility, kindness, courtesy, and compassion." [3]

Gemeinschaftsorganisationen, wie z. B. die „free clinic" auf der Haight Ashbury, wurden außerhalb von und als Ergänzung zu staatlichen Organisationen entwickelt, die im klassischen Sinn des Wortes „subsidiär" waren, d. h. vor Ort Belange regelten, die von einer höheren und staatlichen Ebene sicher nicht so gut hätten geregelt werden können.

Organische Lebensmittel und umweltfreundliche Güter wurden für den Markt produziert und auf ihm angeboten. Angst vor dem Markt gab es nicht. Genauso wenig wie Technikfeindlichkeit. Neuen Technologien wurde mit ungebändigter Neugier begegnet. Es war völlig logisch, dass Stewart Brand, der Erfinder und Herausgeber des „Whole Earth Catalogue", in späteren Ausgaben Computer vorstellte.

Die CDU hat diesen Aspekt, der sich ihrer Programmatik hervorragend hätte verbinden lassen können, nie verstanden.

---

[3] Barack Obama, The Audacity of Hope. Thoughts on Reclaiming the American Dream, Canongate, Edinburgh 2007, S. 55.

Sie war in der Folge des Kalten Krieges wie viele zu sehr im Schubladendenken von „rechts und links" verhaftet. – Von „links" konnte nichts Gutes kommen.

* * *

Weitgehend unbemerkt von der Öffentlichkeit gab es in den sechziger Jahren noch ein weiteres Ereignis, das die politische Landschaft Deutschlands heute nachhaltig beeinflußt und Probleme mit sich gebracht hat, die zumindest die CDU lange nicht bereit war anzupacken oder zu lösen:

Ende der fünfziger, Anfang der sechziger Jahre war es eine von der CDU geführte Bundesregierung, die den Mangel auf dem deutschen Arbeitsmarkt durch den Import von ausländischen Arbeitskräften beheben wollte. Niemand dachte daran, Deutschland zu einem Einwanderungsland zu machen, die Gastarbeiter sollten nur für kurze Zeit bleiben und dann wieder zurückkehren. Mit den Folgen dieser Fehleinschätzung leben wir heute noch – auch wenn es in der Zwischenzeit den so genannten Paradigmenwechsel gegeben hat: Die Verabschiedung des Naturalisierungsgesetzes im Jahr 2000 und der Zuwanderungsgesetzes im Jahr 2005. Doch davon später mehr.

John F. Kennedy – Fakten, Mythos und die Folgen

Kaum eine Person des 20. Jahrhunderts hat Geschichtsschreiber und Geschichtsschreibung so beflügelt wie der 1963 ermordete Präsident der Vereinigten Staaten von Amerika, John F. Kennedy. Für Menschen, die diese Zeit bewußt miterlebt haben, bedeutet sich zu erinnern, sich eine Antwort zu geben auf die Frage „Was war?" Diese Antwort mag leicht erscheinen, denn was war, müßte sich doch einfach aus Aufzeichnungen, Terminkalendern, Veröffentlichungen und Zeitungsartikeln rekonstruieren lassen. Doch, wer heute zurückblickt auf das, was in den vergangenen Jahren über die Ereignisse in den sechziger Jahren des vergangenen Jahrhunderts geschrieben wurde, muß sich fragen, was war denn nun wirklich: War John F. Kennedy ein begnadeter Politiker oder nur ein unreifer Schürzenjäger? War das, was in San Francisco in den späten sechziger Jahren geschah, tatsächlich von Bedeutung für die Welt, oder haben wir uns nur etwas vorgemacht? Ist irgendetwas aus dieser Zeit in den politischen „Mainstream", eingegangen, d.h. mehrheitsfähig geworden, oder war das Leben in dieser Zeit bestimmt von Lebensformen von Sektierern für Sektierer?

Was scheint, gewesen zu sein, das, woran wir uns erinnern, ist also durchaus nicht immer das, was wirklich war. Dabei gibt es verschiedene Möglichkeiten: Wir können uns über die Bedeutung dessen, was war, bereits getäuscht haben, als es geschah. Wir können es in unseren Aufzeichnungen falsch bewertet haben, oder wir sehen damalige Ereignisse heute einfach anders.

Gore Vidal, der große amerikanische Romancier und Stiefbruder von Jacqueline Kennedy (beide hatten nacheinander den gleichen Stiefvater) hat seinen Memoiren den Titel „Palimpsest" gegeben. Mit diesem Wort wird ein immer und immer wieder überschriebenes Papier bezeichnet, in dem man nur mit großer Mühe die ursprüngliche Aussage entziffern kann. In diesen Memoiren hat er den treffenden Begriff von den „agreed upon facts" geprägt, jenen Tatsachen auf die man sich bei einer geschichtlichen Betrachtung einigen kann als das, was wirklich gewesen ist:

„Ich betrachte das rückwärtsgewandt, d.h. als Geschichte, in der die Tatsachen auf die man sich geeinigt hat, nicht so zahlreich sind, wie es die professionellen Historiker gerne hätten. So werden sie gezwungen, jene offiziellen Fiktionen, auf die sich viel zu viele interessierte Parteien geeinigt haben, erneut zu einer Fiktion werden zu lassen, jede von ihnen mit ihren eigenen tausend Tagen in denen jeder seine eigenen irreführenden Pyramiden und Obelisken errichten kann, die behaupten die Sonnenzeit anzugeben."[4]

Oder, um es mit Wörtern unserer Zeit zu sagen: Die reale Welt der geschichtlichen Ereignisse der frühen sechziger Jahre ist die eine Seite. Nicht alle Daten sind bekannt, manche sind bewußt verschwiegen worden. Das, was wir heute davon wissen, war jedoch nicht die „reale Welt", sondern vielmehr eine „virtuelle Realität", eine Inszenierung von Personen, denen es darum ging, die Präsidentschaft von John F. Kennedy in möglichst strahlendem Licht erscheinen zu lassen. Aber – und darum müssen wir uns mit dieser Zeit auseinandersetzen – es war diese virtuelle Realität, die die Einstellungen und Handlungen des Großteils einer ganzen Generation bestimmt hat.

* * *

Unabhängig von der Erinnerung an Einzelheiten politischer Ereignisse und ihre Bewertung heute bleibt eine Tatsache unangefochten: Der Rückblick in die sechziger Jahre, in denen viele, die heute politisch und publizistisch an verantwortlicher Stelle aktiv sind, politisch bewußt wurden, ist der Rückblick auf eine Zeit, in der für eine ganze Generation

---

[4] Gore Vidal, Palimpsest – A Memoir, Random House, New York 1995, S. 362.

weltweit alles begann: Das große Aufbegehren in dem Gefühl, es anders und besser zu machen als ihre Eltern. Im Zeichen einer beginnenden weltweiten Kommunikation galt auch für die jungen Menschen in Deutschland das, was ein amerikanischer Autor wie folgt beschrieben hat:

„Jene von uns, die in den Jahren der Fülle nach dem zweiten Weltkrieg geboren wurden, wußten, daß wir eine andere Perspektive hatten als frühere Generationen von Amerikanern. Durch wirtschaftliche Not wie mit Scheuklappen versehen, wurden sie mit eng gefaßten Verpflichtungen erwachsen – der Ruhm Gottes, der Freude, etwas zu besitzen oder das gemeine kleine Geschäft zu überleben. Wir aber nahmen das Versprechen der Unabhängigkeitserklärung ernst, dass das Geburtsrecht Amerikas nicht nur Leben und Freiheit ist, sondern auch das Recht nach dem Glück zu streben. Als Kind dachte ich immer, dass das der Sinn des Erwachsenwerdens sei."[5]

Mehr als den Ruf nach dem Recht auf Glücklichkeit, das eng verwandt ist mit dem Recht auf Selbstverwirklichung – ebenfalls ein zentraler Begriff in den sechziger und siebziger Jahren – hatte diese Generation allerdings noch das Versprechen der Freiheit ernst genommen, das Recht und die Verpflichtung, sich engagieren zu können und zu sollen. Der vermeintliche egoistische Hedonismus der sechziger Jahre war alles andere als nur ich-bezogen. Zum „Genuss" gehörte es auch, sich für ideelle Anliegen zu engagieren und etwas für die Mitmenschen zu tun.

* * *

In der persönlichen Erinnerung von Martin Vogtherr nimmt ein Tag einen ganz besonderen Rang ein – der 23. November 1963:

Milchig weißer Nebel hing zwischen den Häusern der

---

[5] Scott Turow, The Law of Our Fathers, Farrar Straus Giroux, New York 1996, S. 2.

Straße. Eiskalte Nässe umfing ihn, als er morgens die Haustür öffnete, um in die Schule zugehen. Wie jeden Morgen bückte er sich, hob die Tageszeitung auf, doch als er diesmal auf die Schlagzeile blickte, erstarrte er. Die fette schwarze Überschrift verkündete: Präsident Kennedy in Dallas erschossen. Seine Eltern hatten 1963 noch kein Fernsehen. Die ungeheuerliche Nachricht traf ihn völlig unvorbereitet.

Die Erinnerungen an Einzelheiten dieses Tages sind längst verblasst, geblieben ist nur eine Ahnung von Unglauben, nicht wahr haben wollen, Verlassenheit, Hoffnungslosigkeit und die Frage warum? Jegliche Perspektive war auf einmal verschwunden, erstickt im Nebel der Fassungslosigkeit.

Eine Verheißung war nicht in Erfüllung gegangen, ein Versprechen war gebrochen worden. Denn das war Kennedy für viele Teenager in den sechziger Jahren: Verheißung, dass Vernunft und Aufklärung in der Politik siegen könnten, Versprechen, dass eine bessere Welt geschaffen werden könnte. Er hatte einen alten General an der Spitze der USA abgelöst, zum Einsatz an einer neuen Grenze aufgerufen, selbstbewusst behauptet, „the torch has been passed...", die Fackel ist an eine neue Generation weitergegeben worden, während an der Spitze Deutschlands ein Greis stand, und viele Eltern behaupteten „Wir haben Deutschland nach dem Krieg wieder aufgebaut" und deswegen kritiklose Zustimmung forderten. In dieser Situation fühlte sich Martin Vogtherr wie viele andere von Kennedys Botschaft angesprochen, fühlte sich als Teil eines grenzenlosen Aufbruchs in eine bessere, demokratische Welt.

* * *

Heute wissen wir, dass Jacqueline Kennedy kurz nach dem Tod ihres Mannes dem Autor William Manchester die Idee der Legende von Camelot eingab, und der daraus entstandene Artikel wurde der Beginn eines strahlenden – künstlich geschaffenen – Mythos: Martins Held war von den Mächten der Finsternis vernichtet worden, bevor er seine Mission erfüllen konnte.

Wir wissen ebenfalls – nicht zuletzt Dank Seymour Hershs Buch „The Dark Side of Camelot" – dass Kennedy auch dunkle Seiten hatte. Und Gore Vidal führt uns in „Palimpsest" einen ganz anderen als den souveränen Kennedy vor Augen:

„Im ersten Stock des Weißen Hauses kam mir zu Bewusstsein, worum es bei der Präsidentschaft eigentlich ging als ich in der Tür stand und darauf wartete, dass Jack vor mir in das Familienesszimmer ging. Er stellte sich neben mich und fragte: ‚Also, bewirbst du dich nun um einen Sitz im Senat?' Ich sagte nein, denn ich würde nicht gewinnen. Kein Demokrat hatte in diesem Jahr Siegeschancen.

Jackie hatte gerade das Esszimmer renovieren lassen – mit einer Tapete im Stil des achtzehnten Jahrhunderts mit Soldaten und Gewehren. Jack hatte das ganze ein bisschen zu soldatisch gefunden, während er sich über die Kochdünste beschwerte, die aus der nahen Küche kamen. In diesem Augenblick dachte ich – so ist das also, Präsident zu sein, der Küchendunst..."[6]

Für Gore Vidal war Kennedy ein kleiner, machtsüchtiger unkontrollierter Junge, der aus dem Handgelenk regierte, zu dessen Zeit der Militärhaushalt um ein Vielfaches erhöht wurde, und der einen unersättlichen Hunger nach Frauen hatte. Doch das wußten wir damals noch nicht.

Es scheint so, als habe der englische Politiker MacMillan den Nagel auf den Kopf getroffen als er über die Kennedy Brüder feststellte:

„Oh, ...es ist ungefähr so als wenn man zuschaut, wie die Borgia Brüder sich eine angesehene norditalienische Stadt unter den Nagel reißen."[7]

* * *

---

[6] Gore Vidal, a.a.o., S. 383f.

[7] Paul Johnson, A History of the American People, HarperCollins Publishers, New York 1997, S. 852.

Was bleibt von den politischen Entscheidungen der vergangenen dreißig Jahre? Was ist von Kennedy geblieben? Weniger als an Kennedys Taten erinnern wir uns an den Satz „Frage nicht, was Dein Land für Dich tun kann, sondern, was Du für dein Land tun kannst." und seine unglaubliche medienwirksame Ausstrahlung, die eine ganze Generation dazu zu verpflichten schien, sich zu engagieren.

Bestimmend für das Bild Kennedys und damit zugleich Grundlage für Idealvorstellung eines Politikers wurden für Martin Vogtherr die Zeilen seines Biographen Arthur M. Schlesinger:

„Ein Grund für die Änderung der Einstellung, mit der die Intellektuellen Kennedy sahen, war sicher ihre langsame Erkenntnis, dass er die Welt der Macht und die Welt der Ideen in einer Allianz zusammenbringen wollte. Oder besser – so wie er es selber sah – dass er die Zusammenarbeit dieser beiden Welten wiederherstellen wollte, die die frühen Jahre der Republik geprägt hatte."[8]

Für Martin Vogtherr war es damals selbstverständlich, dass der Mensch frei ist und sich selbst verwirklichen will und kann. Und Kennedy war für ihn das Modell eines freien Menschen.

„Autonomie war es, was dieser bescheidene und in sich selbst ruhende Mann zu verkörpern schien. Kennedy konnte einfach nicht auf die üblichen soziologischen Verallgemeinerungen beschränkt werden. Er war irisch, katholisch, New England, Harvard, Marine, Palm Beach, Demokrat und so weiter; aber keine Kategorie wurde ihm alleine gerecht. Er hatte eine Individualität erreicht, die ihn über die Grenzen von Klasse und Rasse, Region und Religion hinaustrug."

„Er war ein freier Mann, nicht nur im Sinne des Klischees des Kalten Krieges, sondern im dem Sinn, dass er – soweit

---

[8] Arthur M. Schlesinger, A Thousand Days / John F. Kennedy in the White House, Fawcett Publications Inc, Greenwich Conn. 1965, S. 107.

es ein Mensch überhaupt sein kann – selbst bestimmt war und nicht der Diener von Kräften von außerhalb."[9]

Der durch diese Gedanken bestimmte Weg führte später direkt nach San Francisco und in das New Age. Selbstbestimmung und später Selbstverwirklichung wurden Leitbegriffe für den Großteil einer ganzen Generation. Und eines war für diese Generation ganz gewiss: Politik kann rational und vernünftig sein und wissenschaftliche Beratung von Politik kann zu wohl abgewogenen Entscheidungen und damit zu ihrem Erfolg beitragen.

Wenn auch Vieles, was in den Jahren nach Kennedys Tod das Bild von ihm bestimmen sollte, bewußt geschaffene Mosaiksteine eines Mythos waren, ist eine Tatsache jedoch auch heute noch unbestritten: Kennedy führte den ersten Wahlkampf mit dem geplanten Einsatz aller Möglichkeiten der Wahlwerbung und der Public Relations und setzte damit einen Standard für die Wahlkämpfe in den Demokratien der westlichen Welt in der zweiten Hälfte des zwanzigsten Jahrhunderts.

Ein Buch von Kennedys engstem Vertrauten und Mitarbeiter Theodor Sorensen las Martin Vogtherr in den folgenden Jahren immer wieder. Die darin beschriebenen Abläufe der Organisation des Kennedy-Wahlkampfes wurden für ihn zum Handbuch über erfolgreiche Wahlkampfführung und Politikberatung.

Sorensen beschreibt, dass Kennedy 1956 innerhalb von sechs Wochen über 150 Reden hielt und Auftritte in vierundzwanzig Staaten absolvierte. Dabei legte er über 30.000 Meilen zurück... Er sprach vor Parteiveranstaltungen, in Parlamenten der Bundesstaaten, vor Gewerkschaftsversammlungen, Rechtsanwaltsvereinigungen, Bürgergruppen und vielen Colleges und Universitäten... Als 1957 zu 1958 wurde und dann zu 1959, hielt der Senator Reden, Reden und noch mehr Reden... In Washington blieben wir in Verbindung mit neuen

---

[9] Arthur M. Schlesinger, a.a.o., S.112.

32

und alten politischen Kontakten durch Briefe, Weihnachts-
karten, Einladungen und gelegentliche Telefonanrufe. Wir
verschickten Exemplare von „Profiles in Courage" mit Auto-
gramm und später „The Strategy of Peace". Und wir bauten
eine umfassende, nach Staaten gegliederte Kartei mit Informationen über rund siebzigtausend Parteiführer, Amtsinha-
ber, Gewerkschaftsführer, Fundraiser, Delegierte, Kennedy-
Schlüsselkontakte und Unterstützer von der Basis auf... Die
Mitglieder des „Akademischen Berater Komitees" hielten am
3. Dezember 1958 ihr erstens Treffen im Hotel Commander
in Cambridge. Sie rekrutierten sich hauptsächlich von Harvard und dem Massachusetts Institute of Technology, einige
kamen auch von anderen Hochschulen und Berufen... Das
erste organisatorische Treffen fand am 1. April 1959 im Haus
der Kennedys in Palm Beach statt... Und gegen Ende des Treffen enthüllte der Senator seine Absicht, am 1. Januar 1960 mit
einem Brief an ungefähr 70.000 Personen unserer Kartei und
am 2. Januar mit einer Pressekonferenz in Washington, seine Kandidatur für das Amt des Präsidenten der Vereinigten
Staaten bekannt zu geben. [10]

Alles Weitere war Wahlkampfgeschichte geworden. Und
Martin Vogtherr war von diesen Zeilen – wie viele in seiner
Generation – so fasziniert, dass er sich das Berufsziel vor-
nahm, im Bereich der Politik zu arbeiten.

If you're going to San Francisco

Das zentrale Ereignis des weltweiten Aufbruchs von Martins
Generation in den späten sechziger Jahren war die Revolution der Hippies in San Francisco. Die Kreuzung von Haight
und Ashbury Street, kurz genannt „Haight/Ashbury" wurde
weltweit zum Synonym für den Aufbruch in eine neue Zeit.
Ohne, dass er es wußte, erhielt Martin Vogtherr seine Ein-

---

[10] Vgl.: Theodore C. Sorensen, Kennedy, Harper& Row, New York, 1965,
S. 112ff.

trittskarte in diese Welt in den frühen sechziger Jahren an seiner Schule.

Pamela Anne Hill war 1961 als Austauschschülerin des American Field Service an das Nicolaus Cusanus Gymnasium gekommen. Wie sie und Martin Vogtherr sich kennen lernten weiß heute keiner von beiden mehr. Sie wurden jedoch schnell Freunde, und als Pamela nach einem Jahr wieder in die USA zurückging, begann eine Kette von Briefen und Begegnungen, die auch heute, über 40 Jahre später, noch nicht ihr Ende gefunden hat.

1969 studierte Pam in San Francisco „creative writing" und war dabei, als Abschlussarbeit einen Gedichtband mit dem Titel „... and other Poems" zu schreiben. – Man stelle sich vor, an einer deutschen Universität könnte man nicht nur reproduktive Germanistik studieren, sondern auch kreatives Schreiben. Nicht auszudenken, was das für Folgen für unser kulturelles Leben und nicht zuletzt unsere öffentliche Rhetorik hätte...

Im gleichen Jahr wurde Martin Vogtherr 21 Jahre alt und damit mündig. Es war genau der richtige Zeitpunkt, um sein gespartes Geld zusammenzukratzen und nach San Francisco zu Amie zu fliegen, wie sich Pamela inzwischen nannte, um Verwechslungen mit einer etablierten Autorin gleichen Namens aus dem Weg zu gehen.

Martin Vogtherr näherte sich San Francisco schrittweise. Zuerst besuchte er seine ehemalige Klassenkameradin Virginia – Ginger – und ihre Familie in Bellport, Long Island. Am Tag nach seiner Ankunft fuhren beide mit Gingers Bruder nach New York City, bummelten durch Manhattan und sahen nachmittags im Kino „Alice's Restaurant" einen Hippie-Film mit Arlo Guthrie, dem Sohn des bekannten Folksängers Woodie Guthrie. Für die beiden Bells war das ein großes Erlebnis, diese andere Welt auf der Leinwand zu erleben. Es war so nahe an der Hippie-Revolution, wie sie im bürgerlich wohlanständigen Long Island nur kommen konnten.

Einen Tag später flog Martin Vogtherr nach Washington

DC, wo er bei der Familie eines japanischen Botschaftsrates wohnte, dessen Tochter in Bonn ebenfalls seine Klassenkameradin gewesen war. Es war selbstverständlich für ihn, dass sein erster Besuch in Washington an das Grab John F. Kennedys führte, wo er sich seinem Idol ganz nahe fühlte. Erst danach folgte der Flug nach San Francisco.

Martin Vogtherr wußte, dass Amies Eltern sehr reich waren, und deshalb gab es bereits am Flughafen den ersten Kulturschock für ihn: Amie, die er als Twin Set tragendes Mädchen kennen gelernt hatte, mit Faltenrock, Penny Loafers und weißen Söckchen, stand auf einmal vor ihm in verwaschenen Jeans, einem Jeanshemd, das sie mit Stickereien verziert hatte, die Haare hellblond und mit einem hinreißenden selbstbewussten Lächeln. Er war sicher gewesen, sie würde ihn mit einem funkelnden Straßenkreuzer abholen, doch sie hatte gar kein Auto. Ihr Freund Ben Fong-Torres, ein Amerikaner chinesischer Herkunft der zweiten Generation, Redakteur der Zeitschrift „Rolling Stone" und dreißig Jahre später zentrale Figur des Films „Almost Famous", hatte sie mit seinem rostigen Toyota zum Flughafen gefahren und er stand nun neben ihr, schulterlange schwarze Haare, riesige Brille und ein unnachahmliches breites Grinsen im Gesicht. Martin Vogtherr war erst einmal sprachlos.

Die Fahrt in die Stadt wurde zu einer Pilgerfahrt in eine andere Welt. Amie wohnte in einer Querstraße der Haight Street, um die Ecke vom Zentrum der Hippie Bewegung. Sie hatte ein Zimmer in einem Haus in der Clayton Street, das Faith Petric, der Vorsitzenden des San Francisco Folk Song Club gehörte. Das Haus, im viktorianischen Stil gebaut, hatte das Erdbeben von 1906 unbeschadet überstanden und wurde zum Fels in der Brandung der sechziger Jahre. Martin Vogtherr war mitten im Zentrum – wenn auch nicht auf dem zeitlichen Höhepunkt – einer Bewegung angekommen, die Teil eines weltumspannenden Aufbruchs werden und letzten Endes auch die politische Bewegung in Deutschland bis hin zu den Grünen beeinflussen sollte.

Clayton Street liegt nur wenige Blocks vom oberen Ende des Golden Gate Parks entfernt. Und wenn Amie und er abends am großen Erkerfenster ihres sonnengelb gestrichenen Zimmers saßen, konnten beide die dunklen Spitzen der Bäume als Schattenrisse vor dem goldenen Licht der untergehenden Sonne sehen. Wenn dann langsam und still die Nebel wie Wattebäusche vom Pazifik her über die Hügel quollen, das Zimmer sich vom Aroma eines Räucherstäbchens füllte und von draußen das Klingeln eines japanischen Glockenspiels zu ihnen drang, hatten sie das Gefühl als hätten Raum und Zeit aufgehört zu sein und als gehöre die Welt ganz alleine ihnen.

* * *

San Francisco bestimmte in den folgenden Jahren durch viele Besuche das Leben Martin Vogtherrs. Amie hatte sich z.B. einen Ring um einen ihrer Finger tätowieren lassen und war damit in einer großen Bildreportage über Körperschmuck in der Illustrierten LIFE porträtiert worden. Natürlich ließ auch er sich tätowieren und es war Ehrensache, dass es der gleiche Tätowierer sein mußte, der die Rocksängerin Janis Joplin tätowiert hatte.

1969 näherten sich die Proteste gegen den Viet Nam Krieg einem ersten Höhepunkt, und Martin Vogtherr wird nie die Fahrt in der Straßenbahn am Tag des ersten Moratoriums, des ersten nationalen Gedenktages gegen den Krieg, vergessen: Es goss in Strömen. Eine völlig durchnässte alte Frau in elegantem Kostüm stand neben Amie und ihm, und sie kamen ins Gespräch. „Natürlich muß ich zum Moratorium, denn das, was die Politiker machen, kann ich als Amerikanerin nicht mitverantworten." Am Abend des gleichen Tages sahen sich beide das Musical „Hair" im Theater an der Geary Street an. Die Klänge der Musik begleiteten sie bis nach Hause: „Let the sunshine in..."

Für ihn als jungen Deutschen war es das erste Mal, dass

er einen älteren Menschen, der gegen seine eigene Regierung demonstrierte, bewußt wahrnahm. Diese Ereignisse wurden für ihn auch in anderer Hinsicht zum Schlüsselerlebnis. Weil alle seine amerikanischen Freunde engagierte Kritiker und Gegner des Vietnam Krieges waren, kam ihm ein stupider Antiamerikanismus überhaupt nicht in den Sinn. Sie waren gemeinsam über alle Staatsgrenzen hinweg gegen das Establishment. Und noch etwas war wichtig: In den Augen des Establishments waren sie vielleicht „links", aber seine amerikanischen Freunde und er waren politisch alles andere als links, sie hatten für den Sozialismus überhaupt nichts übrig, sie wollten nur für ihr Verständnis einer moralisch vertretbaren Politik eintreten.

Wenn Martin Vogtherr heute die Memoiren McNamaras, des damaligen Verteidigungsministers der USA liest, erschauert er bei dem Gedanken, wie damals in Washington Entscheidungen getroffen wurden.

„Unser Versagen lag zum Teil darin begründet, dass wir uns nicht nur mit Vietnam, sondern gleichzeitig noch mit vielen anderen Problemen zu beschäftigen hatten.... Die Stabschefs empfahlen, den Krieg auszuweiten und US-Luftangriffe gegen Nordvietnam zu fliegen sowie von der Ausbildung der Südvietnamesen dazu überzugehen, den Krieg sowohl in Süd- als auch in Nordvietnam selbst zu führen: mit US-Streitkräften. Diese Empfehlung, die auf nichts Geringeres als eine grundlegende Wende in der US-Politik hinauslief, war auf zweieinhalb Seiten niedergelegt; noch dazu fehlte es an Analysen und stützenden Argumenten."[11]

Auf die imaginäre Frage seiner Leserinnen und Leser, warum „hart arbeitende und erfahrene Regierungsvertreter – Zivilisten und Militärs gleichermaßen – es versäumt haben, jene Fragen systematisch und gründlich zu bearbeiten, deren Lösung das Leben unserer Bürger und das Wohlergehen unseres Landes so nachhaltig beeinflußt haben." antwortet er:

---

[11] Robert S. McNamara, Vietnam, das Trauma einer Weltmacht, Goldmann, München 1997, S. 150f.

„Kurz gesagt, ein geordnetes, rationales Vorgehen wurde durch die Tatsache verhindert, dass Vietnam nur eines einer Vielzahl von Problemen war, vor denen wir standen und von denen Vietnam gleichsam verdrängt wird."[12]

Soweit zum Thema Rationalität und Politik.

* * *

Alternativer Lebensstil und revolutionäre Politik waren damals in San Francisco und Berkeley ganz nahe bei einander – aber sie waren auch durch die Bucht von San Francisco getrennt. Hier San Francisco mit Haight / Ashbury, dort der Campus von Berkeley mit seinen großen und kleinen politischen teach ins. Martin Vogtherr war nur ein einziges Mal auf der anderen Seite der Bucht. Als er sich dem Campus von Berkeley näherte, wurde er von einem Strom in Richtung der Plaza gezogen. Und es war ein großes Erlebnis für ihn aus dem Nach-Adenauer-Deutschland dort Angela Davis und Herbert Marcuse predigen zu hören, aber es reizte ihn nicht, diesen politischen Weg zu gehen.

* * *

In San Francisco stellten sie sich zunächst damals nicht die Frage, was bleibt von unserer Art zu leben, dazu lebten sie zu sehr in der Gegenwart. Doch wenn Martin Vogtherr heute zurückblickt, erinnert er sich daran, wie schnell sie auch anfingen, über die Zukunft des blauen Planeten nachzudenken:

1972 begannen die Bewohner des Hauses in der Clayton Street, ihren Müll getrennt zu sammeln. Und in einer Art mystischen Rückbesinnung begannen sie in der Küche, die um die Jahrhundertwende, wie sie herausfinden sollten, aus massivem Redwood-Holz gezimmert war, die Farbschichten der vergangenen siebzig Jahre abzukratzen.

---

[12] McNamara, a.a.o., S. 355.

Amie hatte ihre gesamte Ernährung auf natürliche Zutaten umgestellt, Jahre bevor irgendjemand in Deutschland auch nur an „Körnerfutter" dachte. Und Buckminster Fullers geodätische Kuppeln begeisterten sie als Boten einer leichten, menschenfreundlichen Architektur.

* * *

Gegen Ende der siebziger Jahre machte Martin Vogtherr Urlaub in San Francisco. An einem Frühsommerabend besuchte er einen deutschen Freund, der mit einem Stipendium für ein Jahr in die USA gekommen war. Udo war todunglücklich, alles war so anders als in Deutschland, die Menschen oberflächlich, das Essen schlecht, die Uni eine Elitekaderschmiede... Vielleicht hätte Martin Vogtherr Udo trösten sollen, aber er wurde nur einfach wütend und warf seinem Freund vor, unerträglich deutsch und negativ zu sein. Es war als ob dieses Wort eine Schleuse geöffnet hatte, und für die nächsten Stunden mußte er sich die Rechtfertigungen seines Freundes anhören. Nachdem er mit seiner Bemerkung eine so heftige Reaktion hervorgerufen hatte, beschloss er für den Rest des Abends ruhig zu sein und sog stattdessen Zug um Zug Joints in sich hinein. Irgendwann waren die denkwürdigen Ausführungen seines Freundes vorbei, Martin Vogtherr fuhr im Taxi nach Hause, fand nach zahlreichen Anläufen das Schlüsselloch, in dem er nach einigen vergeblichen Versuchen, die Tür zu öffnen, den Schlüssel abbrach. So mußte er schellen und sich von Amie die Tür öffnen lassen. Sie sah, was los war und beide verbrachten den Rest der Nacht auf dem Fußboden: Martin Vogtherr zusammengerollt, wie ein Embryo, den Kopf in ihrem Schoss und nun seinerseits redend, ohne ein Ende zu finden. Nur einen Satz behielten beide in Erinnerung, und immer, wenn er sich später wieder einmal zu sehr in die Politik verbissen hatte, sprach Amie diese Erkenntnis aus: „Die ganze Politik ist doch eine Scheiß Kinderei."

* * *

Wenn Martin Vogtherr heute zurückblickt, sieht er, dass Vieles, was sie damals gedacht und getan haben, das Denken und Verhalten vieler Menschen in der westlichen Welt nachhaltig beeinflußt hat. Manches fand auch den Weg in das kommerzielle Leben und in die Politik. Scott Turow bilanziert zum Thema „the selling of the revolution" pessimistisch:

„Musik wurde zuerst kommerzialisiert. Aber der Kapitalismus hat jedes Element aufgesaugt, Kleidung, Sprache, Stil aber nicht die Botschaft. Jetzt kann jeder ‚hip' sein, wenn er bereit ist, dafür zu bezahlen."[13]

Aber Martin Vogtherr sieht die Durchsetzung am „Markt" in diesem Fall für etwas durchaus Positives an. Dadurch haben Verhaltensweisen eine Akzeptanz und Verbreitung gefunden, die durch politische Richtlinien sicher nicht zu befehlen gewesen wären.

* * *

1986 besuchte er Amie in Occidental. Sie war in dieses kleine Dorf etwa drei Stunden nördlich von San Francisco gezogen und bewohnte ein kleines Haus unter riesigen Redwood Bäumen. Einer ihrer Nachbarn züchtet dort Lamas, und auf der anderen Seite des Waldweges erstreckt sich eine große Gärtnerei, die sich auf Azaleen in allen Größen und Farben spezialisiert hat. Auf dem Weg dorthin hörte er im Autoradio die Meldung, im Reaktor von Chernobyl habe es einen Unfall gegeben, radioaktiver Dampf sei entwichen. Es war ein strahlend schöner kalifornischer Frühsommertag und beide gingen hinüber zum Farallones Institut. Von Anhängern natürlicher Anbaumethoden gegründet, war es in der Zwischenzeit von der US-Regierung beauftragt worden, für Entwicklungsländer natürliche Methoden der Schädlingsbekämpfung zu entwickeln, was es auch sehr erfolgreich tat. Danach setzten sie sich auf eine Lichtung mit Ausblick auf den tiefblauen Pazifik, sie atmeten die kühle, stechend klare

---

[13] Scott Turow, The Laws of Our Fathers, a.a.o., S. 279.

Luft ein und fragten sich, wann wohl die unsichtbare todbringende Wolke sie hier erreichen würde.

Los Angeles – Endstation Sehnsucht

Die Westküste der USA war für Martin Vogtherr in den späten sechziger und frühen siebziger Jahren nicht nur der Ort der Begegnung mit einer ganz anderen Gegenwart als er sie aus Deutschland kannte. In Los Angeles begegnete auch seiner eigenen deutschen Vergangenheit.

„Das ist aber ein schönes Buch, das Sie sich da gekauft haben." Die Stimme kam vom Nachbartisch. Ein völlig unscheinbarer älterer Herr hatte sich zu ihm herüber gebeugt und auf das Buch „Dr. Faustus" von Thomas Mann geschaut, das er für seinen Freund Bob als Geschenk gekauft hatte. „Sie sind aus Deutschland, mein Herr?" lautete die nächste Frage in einem altertümlichen Deutsch mit unüberhörbarer amerikanischer Färbung. Das Gespräch, das folgte war nur kurz und es versiegte, als der Freund kam – ganz so als wolle der ältere Herr überhaupt nicht in Erscheinung treten und als habe ihn nur der Name des vertrauten Autors kurz aus seiner Einsamkeit gelockt. Ja, er war vor langen Zeiten aus Deutschland herüber gekommen, gerade noch rechtzeitig. Nein, er habe deutschen Boden nie wieder betreten. Das sei ihm völlig unmöglich. Es sei schön hier, doch es sei halt nicht die Heimat. Unbeschreibliche Sehnsucht und Wehmut schwang in diesen Worten. Er wünschte dem jungen Deutschen alles Gute auf seinem Lebensweg und niemals ein Schicksal, wie er es gehabt habe.

Während in San Francisco der Blick nach Westen in den fernen Osten gerichtet ist, und Zen zum Alltag gehört, ist Los Angeles nicht nur die Hauptstadt der dritten Welt, wie David Ries so treffend in seinem Buch über diese Metropolis schreibt. Los Angeles ist auch die letzte Heimat geworden für alle, die Deutschland unter dem Hitler Regime verlassen mußten.

Jahre später machte er in einem Artikel mit dem Titel „deutsche Wellen am Pazifik" eine Bestandsaufnahme der knisternden Begegnung deutscher und amerikanischer Kultur an der Westküste:

„Pacific Palisades in Santa Monica, Los Angeles: Hier, wo der amerikanische Kontinent mit einem ausgewaschenen Sandsteinabhang abrupt abbricht, um dann nach einigen hundert Metern Sandstrand langsam in den Pazifik abzutauchen, hier im weitesten Westen war während der 30er und 40er Jahre die letzte Grenze Deutschlands: Thomas Mann pflegte auf der Promenade unter Palmen seinen Abendspaziergang zu machen, Bert Brecht wohnte nicht weit entfernt, und viele andere hatten sich in der Nähe niedergelassen, trafen sich, trösteten sich, fielen sich auf die Nerven...

Die Witwe Feuchtwanger hält in ihrer mexikanischen Villa heute noch Hof, und es kann vorkommen, dass ein älterer Herr am Nachbartisch den jungen Besuch aus Deutschland bemerkt, sich in die Unterhaltung mischt, fragt, wie es denn dort in der alten Heimat ginge. Nein, er war nie wieder dort, hat es nicht fertig gebracht, ist noch immer unversöhnt, leidet an seiner Sehnsucht. So wird jeder Besuch im südlichen Kalifornien auch immer wieder zu einer Begegnung mit der eigenen deutschen Geschichte, und wenn auch der einzelne – junge – Deutsche als Gast und Gesprächspartner gern gesehen ist, so steht doch oft, auf Deutschland als Ganzes bezogen, das Gespenst der Geschichte wieder auf, sät Zweifel, entfremdet.

Vor diesem Hintergrund ist es bemerkenswert, ja beinahe unglaublich, wie im November (1983) in der „Los Angeles Times" mit den ersten Zeilen einer Kunstkritik begonnen wurde, ein neues Bild von Deutschland zu zeichnen. Es hieß dort sinngemäß, Deutschland, die kriegerischste Nation dieses Jahrhunderts, sei nun zu Europas friedliebendster Nation geworden.

Was war geschehen?

Stephanie Barron, junge Kuratorin des Los Angeles County Museum of Art, hatte in drei Jahren und fünf Europareisen eine Ausstellung deutscher expressionistischer Skulpturen zusammengestellt, die in dieser Einzigartigkeit noch niemals zu sehen war. Von Barlach bis Lehmbruck, Kirchner und Kollwitz, Voll und Wauer brachte Stephanie Barron 120 Skulpturen von 33 Künstlern zu einer Gesamtschau zusammen, die durch ihre Existenz und durch ihre begleitende Interpretation mit einem Schlag die Wahrnehmung von dem, was Deutschland war (und ist), neu bestimmte.

An nur zwei Skulpturen sei die neue – Kriegsgeschrei und Friedenssehnsucht umfassende – Wahrnehmung Deutschlands versinnbildlicht: das kriegerische Deutschland am Beispiel von Barlachs „Der Rächer" und das geläuterte Deutschland am Beispiel von Lehmbrucks „Der Gestürzte": Während der Rächer als Figur, die jedes Hindernis vor sich zerschlägt, Barlachs Begeisterung für den Krieg Ausdruck gibt – der Katalog erklärt die Begeisterung der Expressionisten für den Krieg nüchtern mit ihrer Hoffnung, er würde eine neue gesellschaftliche Ordnung hervorbringen, so zeigt Lehmbruck mit seinem Gestürzten den gebrochenen Menschen, niedergedrückt vom Gewicht des Leidens in der Welt.

Die Ausdruckskraft der beiden und der meisten anderen Skulpturen ist so stark, dass durch diese Ausstellung die Auseinandersetzung mit dem Nationalsozialismus einen anderen Stellenwert erhält. Sie ist nicht mehr das einzige immer noch übergewichtige Thema hier an der Westküste. In Katalog und Ausstellung wird das Thema „Entartete Kunst" zwar ausführlich und umfassend behandelt, doch als Teil der politischen Geschichte, der vorbei ist und der von den bleibenden Zeugnissen kultureller deutscher Geschichte überdauert und überstrahlt wird.

Der Name der Künstlergruppe „Die Brücke" bekommt in diesem Zusammenhang eine völlig neue Bedeutung. War er einst gemeint als Brücke in die Zukunft, so wird diese Ausstellung die Brücke gemeinsamer Kultur zwischen Emigranten und Heimat, die negative Verkümmerung durch das Dritte Reich überlagert. Selten hat wohl eine einzige Ausstellung mehr an geistiger Wahrnehmung in Bewegung gesetzt als diese. (Sie ist im Sommer 1984 in der Kunsthalle in Köln zu sehen.)

So bemerkenswert diese Ausstellung ist, so steht sie doch als deutsch-amerikanisches Ereignis nicht alleine. Stephanie Barron selbst fügte im Nachbargebäude der Ausstellungshalle noch einen kulturellen Kontrapunkt hinzu: eine „Kammerausstellung" von zwei Holzskulpturen und drei überdimensionalen Holzschnitten von Georg Baselitz, der die Bundesrepublik Deutschland z.B. mit seiner ersten Skulptur auf der Biennale in Venedig repräsentierte. Sein Werk wird stellenweise als neo-expressionistisch bezeichnet, er gilt als Vater der „Neuen Wilden", Etiketten, die – wie in den meisten Fällen – nur teilweise richtig sind. Und dennoch, eine Verwandtschaft ist nicht abzuleugnen, wenn auch im positiven Sinne der Wortes moderner, frischer und zeitnäher steht Baselitz doch in der Tradition und das macht die Bedeutung dieser kleinen Ausstellung aus – denn sie schlägt ihrerseits ebenfalls eine Brücke – aus der kunstgeschichtlichen Vergangenheit in unsere kulturelle Gegenwart.

Eine kulturelle Gegenwart ganz anderer Art empfing den Los Angeles Besucher des Herbstes '83 in den Diskotheken und in den Radioprogrammen: Peter Schilling, völlig losgelöst von Deutschland, singt „Earth below us, drifting, falling..." (und das etwas jede Stunde einmal im Radio) und die anderen Wellen umspülen das Gehör, wenn man tanzen oder Bier trinken will: Kraftwerk (als einzige Gruppe hier schon früher zu hören) startet die Tour de France, Nena jagt ihren 99 Luftballons hinterher, Geier Sturzflug mehrt auch hier das Bruttosozialprodukt, und Nina Hagen weiß, es wird ein Wunder geschäääähn... Und natürlich nicht zu vergessen, Trio ist auch da, da, da und wird begeistert aufgenommen.

Dass Fassbinders „Berlin Alexanderplatz" in der Art einer Wagneroper in zwei Kinos in voller Länge läuft, sei nur der Vollständigkeit halber hinzugefügt, ebenso wie die Tatsache, dass das Aachener Kunstsammlerehepaar Ludwig mit Teilen seiner Sammlung zur Zeit in Los Angeles vertreten ist: in der ersten Schau des neuen Museums für zeitgenössische Kunst, die aus Leihgaben zusammengestellt in einer provisorischen Kunsthalle – dem umgebauten ehemaligen städtischen Wagenparkgebäude – gezeigt wird.

So weit, so erstaunlich und auch faszinierend, besonders da sich alles auf privater Basis im politikfreien Raum entwickelt hat. Doch spätestens mit dieser Feststellung wird der politisch denkende Kunsttourist nachdenklich. So begrüßenswert es ist, wenn sich Kultur aus sich selbst heraus entwickelt, so bedauerlich ist es, dass in der gegenwärtigen Bundesregierung niemand zu finden ist, dessen Name wenigstens für das geistige Interesse stünde, sich mit derartigen Fragen auseinander zusetzen. Gerade eine Regierung, die sich z.B. den Vorsatz genommen hat, ein Haus der Geschichte zu bauen, sollte sich nicht damit zufrieden geben, im Ausland, besonders in den USA, als verlässlicher Nato-Doppelbeschlusspartner angesehen zu werden. Sie sollte durch geeignete Vertreter wenigstens bei so fundamentalen Ereignissen wie der Expressionismus-Ausstellung in Los Angeles in der geistigen Auseinandersetzung – sprich Diskussionen – vertreten sein.

Als Zeichen der Würdigung dieser speziellen kalifornischen Bemühungen wäre es durchaus wünschenswert, dass Bundeskanzler Helmut Kohl die Schirmherrschaft der Ausstellung in Köln übernimmt, oder sie vielleicht sogar eröffnet."

Wenn er heute diese Zeilen liest, schämt er sich über seine Naivität hinsichtlich des Interesses Helmut Kohls an kulturpolitischer Zeichensetzung.

Deutschland – klein und eng!

Viele Menschen sind geschockt, wenn sie die USA das erste Mal betreten: zu weit, zu groß zu laut...Bei Martin Vogtherr war es genau umgekehrt: Als er 1969 zum ersten Mal aus der Weite der USA zurück nach Deutschland kam, überfiel ihn ein deprimierendes Gefühl der Enge, des eingesperrt Seins: Die deutschen Autobahnen erschienen auf einmal schmal und eng, die normalen Straßen verwinkelt und bedrückend. Autofahrer fuhren rücksichtslos und mit einer bedrohlichen Aggressivität, statt sich wie in den USA defensiv und fair fortzubewegen. In den Läden mußte man darum betteln, nicht übersehen sondern bedient zu werden. Elan und Lebensfreude, das unbändige Gefühl, das Leben, die Zukunft gestalten zu können – er fand es nicht und mußte lange suchen, bis er auf Menschen traf, die ein positives, optimistisches Lebensgefühl ausstrahlten.

Er zweifelte immer wieder an sich. Waren seine kritischen Gefühle vielleicht nur die Einstellung eines deutschen Nestbeschmutzers (damals ein beliebtes Wort für kritische Deutsche), dessen deutscheste Eigenschaft es ist, seine Heimat zu kritisieren? Offensichtlich nicht. Zu deutlich empfinden auch andere diese Enge Deutschlands. Über die Jahre sammelte er viele Zeitungsausschnitte, die sich kritisch mit Deutschland auseinander setzten. Besonders beeindruckte ihn der Text eines Graham Bowley 1998 in der „Financial Times" unter dem Titel „More Meingott than Mainhattan":

„Dies (Frankfurt) ist eine Möchtegern Metropole, eine etwas größere Stadt mit noch größerem Anspruch, in der die Bürger entsetzlich engstirnig sind, die Geschäfte früh schließen und es die einzigen Lebenszeichen auf der Autobahn gibt. Die Ideale sind nobel: Goethes Worte sind am Gebäude der Alten Oper eingraviert: ‚Dem Wahren, Schönen, Guten.' Aber die Commuterstadt ist in Wirklichkeit eher bescheiden."

Bowley schließt diese Betrachtung mit einem Zitat von Mary Shelley aus dem Jahr 1840:

„Frankfurt sieht aus wie eine saubere, luftige aber langweilige Stadt. Wir sind ziemlich viel herumgelaufen, haben aber nichts gesehen, was der Erwähnung wert gewesen wäre."'[14]

* * *

Es ist wohl so: Wer einmal von dem dynamischen Freiheitsgefühl der Amerikaner angesteckt wurde, dem muß Deutschland müde und bürokratisch erscheinen. Arnulf Baring hat Recht, wenn er schreibt:

„(...) Amerika ist weiterhin die kreativste Nation der Welt. Seine multikulturelle Gesellschaft zieht viele der besten Köpfe aus allen Erdteilen an. In Amerikas Grundlagenforschungslabors arbeiten Tausende talentierter Inder, Chinesen, Koreaner, Europäer. Seine Elite-Universitäten sind nach wie vor konkurrenzlos. Und nirgendwo in der Welt gibt es eine solche Fülle hochinnovativer und wagemutiger Unternehmer."[15]

Wenn Amerika heute immer noch ein Hort der Kreativität ist, dann sicher, weil es von Anfang an ein Land der Menschen war, die neu anfangen wollten und heute immer noch wollen. Und wenn Deutschland oftmals als müdes Land erscheint, dann ist das nicht zuletzt auch darauf zurückzuführen, dass seit über hundert Jahren, Menschen, die Demokratie, Offenheit und Innovation wollten, aus dem Land gegangen sind, um dieses wo anders zu finden – überwiegend in Amerika.

„A quarter of a million people left Germany every year throughout the 1850s and many of her most energetic, forward-looking and innovative citizens forsook their depressing country and went to North America in search for the freedoms denied for them at home."[16]

---

[14] Financial Times, 21. 3. 1998, S. XXII

[15] Arnulf Baring, Scheitert Deutschland? – Abschied von unseren Wunschwelten, Deutsche Verlagsanstalt, Stuttgart 1997, S. 21.

[16] Alexandra Richie, Faust's Metropolis / A History of Berlin, Carroll & Graf Publisher's Inc. New York,1998, S. 135.

47

Und in diesem Jahrhundert kamen noch weitere Aus-
wanderungswellen hinzu: Menschen verließen Deutschland
nicht nur freiwillig, sondern in höchster Not und höchster
Eile. Menschen, die zu den kreativsten und intelligentesten
in Deutschland gehörten. Und von diesem Exodus aus Kultur
und Wissenschaft hat sich Deutschland bis heute nicht erholt
und wird es vielleicht auch nicht mehr.

* * *

Martin Vogtherr litt unter dieser Enge. Doch er war als
Demokrat erzogen und deshalb gab es für ihn zunächst keine Alternative, er würde sich in Deutschland engagieren und
versuchen, etwas zu verändern. Auch wenn er in den USA
das Zauberwort von der Selbstverwirklichung gelernt hatte,
war für ihn damit nicht Hedonismus und Verantwortungslo-
sigkeit verbunden. Selbstverwirklichung und Verantwortung
für die Gemeinschaft waren für ihn zwei Seiten der gleichen
Medaille. War nicht Deutschland ein freies Land, war nicht
die CDU die Partei der Freiheit? Er sollte Jahre lang brauchen, um zu erkennen, dass das, was in Deutschland Freiheit
genannt wurde, etwas ganz anderes war, als die Freiheit zu
der er erzogen worden war und das deutsche Freiheit sehr
wenig mit angelsächsischer Freiheit zu tun hat.

DIE SIEBZIGER JAHRE:
DIE GESCHEITERTE ERNEUERUNG DER CDU

CDU: Oppositionspartei im Aufbruch

Große politische Parteien sind oft mit Tankern verglichen worden, bei denen sich Richtungsänderungen nur sehr langsam vollziehen. Doch auch das Bild der großen tektonischen Platte aus der Geographie macht Sinn: CDU und SPD bezeichnen sich als Volksparteien mit dem Anspruch, alle Bevölkerungsschichten zu repräsentieren – im Gegensatz zu kleineren Interessenparteien. Und gerade diese Größe lässt Spannungen entstehen, bis hin zur Zerreißprobe, zwischen den vielfältigen Gruppen einerseits und einer Führung andererseits, der an geschlossenem Auftreten gelegen ist. Die CDU war in den vergangenen 40 Jahren in einer Hinsicht erfolgreicher als die SPD: Sie mußte nicht erleben, dass aus ihrem Körper zwei Rippen geschnitten wurden: die Grünen und die Linkspartei. In manchen Länderparlamenten und im Europaparlament hielten zwar von Zeit zu Zeit Rechtsradikale Einzug, aber Gott sei Dank kam es nicht zu einer dauerhaften Verfestigung am rechten Rand. Vielleicht war es auch die Kombination von CDU und CSU, die diese Stabilität möglich machte: auch in CDU-Gebieten konnte man streng konservativ wählen, da immer klar war, dass CDU und CSU zusammen gehen würden. Der Versuch von Franz Josef Strauß, die CSU bundesweit einzuführen setzte sich nicht durch.

Auch im Außenverhältnis gibt es Spannungen: die Parteien reiben sich an einander im Kampf um die politische Mitte, und es kann vorkommen, dass sie dabei ganze Gruppen verlieren, die am Rande abbröckeln.

* * *

Im Juni 1973 wurde Helmut Kohl zum Vorsitzenden der CDU und Kurt Biedenkopf zum Generalsekretär gewählt. Die CDU, seit Herbst 1969 in der Opposition im Deutschen Bundestag, begann, sich von einem Kanzlerwahlverein zu einer Partei zu entwickeln – zumindest schien es so für viele Jahre. In Deutschland sind Parteien – anders als in vielen westlichen Demokratien – besonders privilegierte Vereine. Sie werden durch das Grundgesetz legitimiert, in dem ihnen bestätigt wird, dass sie an der Willensbildung des Volkes mitwirken. Diese Hervorstellung mag als Lehre aus der Weimarer Republik berechtigt gewesen sein. Sie birgt jedoch im Keim auch die Gefahr der Überheblichkeit der etablierten Parteien. Sie behaupten von sich, „wir sind es, die demokratisch legitimiert sind" und richten damit eine Grenze zwischen sich und anderen Vereinen und Bürgerinitiativen auf, statt in ihnen Verbündete bei der Gestaltung des Gemeinwesens zu erkennen. Für die CDU sollte sich, trotz der erklärten Absicht, sich zu erneuern, diese Abkoppelung negativ für die zukünftige Entwicklung zeigen

Doch zunächst strömten monatlich Tausende neuer Mitglieder in die CDU. Ihr Eintritt mußte organisatorisch bewältigt werden, durch eine verbesserte Kooperation von Kreis- und Landesverbänden mit dem Bundesverband. Und es galt, für Zigtausende von Individuen, die aus vielerlei Gründen zur CDU stießen, Inhalte und Programme zu formulieren, in denen sie sich wieder finden konnten. Der Bevölkerung mußte signalisiert werden, dass die CDU eine Partei auf der Höhe der Zeit war, die nicht nur politische Probleme der Gegenwart und Zukunft erkannt, sondern auch Ansätze und Programme zu ihrer Lösung entwickelt hatte. Das war angesichts der konservativen Grundhaltung der CDU kein leichtes Unterfangen:

Keine der politischen Parteien in Deutschland konnte so wenig mit der neuen, Freiheit liebenden Generation anfangen, wie die CDU. Dabei war es doch die Christlich Demokratische Union, die das Wort Freiheit auf ihre Fahnen geschrieben hatte, Politik im Namen der Freiheit machte und Freiheit statt Sozialismus durchsetzen wollte.

* * *

Nach dem Examen Martins tagte der Familienrat: Seine Onkel verabredeten Termine mit möglichen zukünftigen Arbeitgebern. Doch er war wählerisch: Nach dem Gespräch in einer Vorstandsetage in Düsseldorf stellte er fest, er habe keine Lust anderer Leute Profite zu maximieren. Nach der Vorstellung bei einer Messegesellschaft meinte er, derartige Veranstaltungen zu managen könnte er sich nicht vorstellen. Erst als sein Onkel, der „Politiker" der Familie ihm nahe legte, sich im Feld der Politik zu engagieren, war er interessiert. Die Aufbruchstimmung, die 1973 der Wahl Helmut Kohls zum Vorsitzenden und Kurt Biedenkopfs zum Generalsekretär der CDU folgte, wurde für ihn Berufs entscheidend. Zum ersten Mal gab es in der CDU Ansätze zu einer wissenschaftlichen Politikberatung. Die Partei sollte nicht mehr länger vor sich hinwursteln, sondern eine an Grundwerten orientierte und theoretisch fundierte Politik machen. In dieser Zeit an der Schnittstelle von Wissenschaft und Politik zu arbeiten erschien für einen jungen Akademiker mit politischem Interesse der Traumjob schlechthin. Mit seiner Bewerbung bei der CDU zog er eine Konsequenz aus den Ergebnissen seiner Erziehung und seines Lebensweges: Er wollte in die Politik. Er wollte sich engagieren und etwas für sein Land tun.

* * *

Während er in München begann, an seiner Doktorarbeit zu schreiben, wurde er fernschriftlich Mitglied der CDU in Bonn, wo er immer noch seinen Hauptwohnsitz hatte. Ende November 1973 stellte er sich durch die Vermittlung seines Onkels Warnfried Dettling, dem neu installierten Chef der Planungsgruppe in der CDU-Bundesgeschäftsstelle vor. Es war an einem Freitag. Sie verstanden sich auf Anhieb und am folgenden Montag wurde er angerufen und gefragt, wann er kommen könne. Im Januar 1994 begann er für die CDU zu arbeiten. Kein Gedanke daran, wie frustrierend schon bald die sich ständig reibenden ungleichen Vorstellungen von

Helmut Kohl und Kurt Biedenkopf auswirken sollten, keine Idee davon, wie politische Vision von parteipolitischer Realität eingeholt wurde. Die Planungsgruppe begann, mit neuen theoretischen Konzepten ein neues Image für die CDU zu produzieren, während der Vorsitzende in Mainz Machtpolitik nach alter Art betrieb.

Zum damaligen Zeitpunkt hatte Martin Vogtherr auch keine Ahnung, dass der wichtigste Grundwert der CDU – die Freiheit – von vielen ihrer Mitglieder ganz anders gesehen wurde, als er es in seiner großbürgerlichen Erziehung und unter dem amerikanischen Einfluß in San Francisco gelernt hatte.

Das da allerdings irgendetwas nicht stimmte, wurde ihm jedoch schon relativ früh klar, denn immer wieder wurde ihm die Frage gestellt: „Wie kann jemand wie Du / Sie nur CDU Mitglied werden?" Ob bei Freunden am Ufer des Tegernsees, an der New Yorker Upper Eastside, ob an der Hamburger Alster oder in Pacific Heights in San Francisco, auf der Vernissage einer Ausstellung oder einem wissenschaftlichen Kongress, unzählige Male schien es, als seien für seine Gesprächspartner die CDU und er inkompatibel. Als Spiegelbild kam später dazu die Frage aus den Kreisen der CDU: „Was macht jemand wie Sie denn überhaupt in der CDU?" Beide, Mitglieder und Nichtmitglieder hatten offensichtlich genaue Vorstellungen davon, was die CDU ist und wer zu ihr oder in sie hinein passt und wer nicht. Dann gab es jene, die eine mehr vermittelnde Position nahmen einnahmen und meinten, „auch jemand wie er" könne Mitglied der CDU sein. Und schließlich jene, die der Überzeugung waren, er könne der Partei nutzen, wie z. B. Heiner Geißler, der ihn 1977 zum Kunstreferent machte. Doch selbst in dessen Umfeld gab es sowohl solche, die meinten: „Es ist gut, daß es in der CDU Platz für jemanden wie sie gibt." Als auch solche, die indirekt ihr Unbehagen mit den Worten „Sie sind eben ein Feigenblatt." ummantelten.

Der Umzug nach Bonn war zugleich das Ende der Doktorarbeit und auch das Ende seiner sportlichen Ambitionen. Als Ausgleich zur Beschäftigung mit seiner Doktorarbeit hatte er in München wieder begonnen, intensiv Kampfsport zu trainieren und in einigen Kämpfen wichtige Siege errungen. Dafür fehlte ihm nun die Zeit. Er trainierte immer weniger und fand schließlich seinen Ausgleich darin, andere zu trainieren und so seine Erfahrungen weiterzugeben.

Die Planungsgruppe der CDU

Der Auftrag lautete schlicht und einfach, die CDU wieder an die Macht zu bringen. Dazu sollte es ein Bündel von Maßnahmen geben, um zu zeigen, dass die CDU modern und zeitnah Politik machen konnte. Mitgliederwerbung sollte verstärkt betrieben werden, auf Kongressen sollte der neue Vorsitzende bekannt gemacht werden und schließlich gab es als Kernstück die programmatische Erneuerung.

Kurt Biedenkopf hatte im Bereich der programmatischen Erneuerung ein festes Ziel vor Augen. Er wollte Zeichen in Bereichen setzen, aus denen nicht unbedingt neue Mitglieder zu erwarten waren, aber zumindest Sympathisanten, Unterstützung und Stimmen. Er war entschlossen, der CDU auch intellektuelles Gewicht zu geben. Und so war es nur logisch, dass die Bundesgeschäftsstelle der CDU zum ersten Mal eine Planungsgruppe bekam, die strategische Konzeptionen erarbeiten und intellektuelle Signale senden sollte.

Mit Riesenschritten setzte Kurt Biedenkopf sein Vorhaben um, der CDU die Grundlagen für eine Politik zu geben, die sowohl an Grundwerten orientiert als auch theoretisch fundiert war. Im Bereich der politischen Grundwerte reklamierte er mit einer meisterhaften Rede die Werte der französischen Revolution für die CDU. Er definierte sie grundlegend anders als es die SPD tat und setzte damit ein wichtiges geistiges Zeichen. Freiheit wurde von ihm definiert als Freiheit verantwortlicher Bürger, Gleichheit wurde im Sinne von Gerechtigkeit beschrieben, ein Begriff aus dem später zur politischen Abgrenzung die Gleichheit der Chancen – statt der Gleichheit der Ergebnisse, die der SPD-Programmatik unterstellt wurde – und noch später das hybride Wort der Chancengerechtigkeit wurde.

Der zentrale politische Unterschied und Biedenkopfs genialer Schachzug bestand jedoch in der Umdeutung des Begriffes Solidarität. Für die CDU behauptete Biedenkopf, bestehe wahre Solidarität nicht innerhalb gesellschaftlicher Klassen, die im Klassenkampf gegeneinander stehen, wirkliche Solidarität besteht zwischen den Klassen und zwar dadurch, dass diejenigen, die Mehr haben, diejenigen, die Weniger haben, an ihrem Reichtum teilhaben lassen. Der Begriff Klassenkampf wurde von Biedenkopf durch den Begriff Partnerschaft ersetzt. Eine Definition, die SPD in Wutgeheul ausbrechen ließ. Horst Ehmke machte der Süddeutschen Zeitung, die es gewagt hatte, Biedenkopfs Rede im Wortlaut abzudrucken, öffentlich die Hölle heiß. Mit einem einzigen genialen Schachzug hatte Biedenkopf die „Schlacht um die Begriffe" eröffnet und es folgten weitere brillante Auseinandersetzungen.

Neben der inhaltlichen Arbeit für die Büros von Biedenkopf und Kohl und damit auch der Formulierung von Reden, war es der eigentliche Auftrag der Planungsgruppe, neuere Forschungsergebnisse der Gesellschafts- und Politiktheorie aufzuarbeiten, Trends aufzuspüren, Probleme zu orten, bevor sie ins allgemeine Bewusstsein getreten waren und Lösungsstrategien für sie zu entwickeln.

* * *

Eine der ersten Studien, mit der sich die Planungsgruppe im Rahmen ihrer theoretischen Arbeit befasste, war Ron Ingleharts „Silent Revolution", eine umfassende Analyse des Wertewandels von traditionellen zu „postmaterialistischen Werten" in der westlichen Welt. Doch hier zeigte sich auch schnell die Grenze im Verhältnis zu Helmut Kohl. Er sah wohl den Nutzen einer Planungsgruppe als Signal der Erneuerung der CDU nach außen, aber die Idee, dass es einen Wertewandel geben könne, blieb ihm fremd. Nicht viel anders ging es mit der Rezeption der Thesen von Daniel Bell, dem Harvard Intellektuellen, der neue Beschäftigungsmöglichkeiten für die Zukunft voraussagte.

Solange aber Kurt Biedenkopf und Heiner Geißler die Planungsgruppe zu nutzen wußten, war sie ein Potential der Erneuerung für die CDU. Neben Warnfried Dettling war Wulf Schönbohm einer der herausragenden Planungsgruppenchefs. Beide, Dettling und Schönbohm wurden später Opfer von Helmut Kohl. Dettling nannte in einem Text das Ergebnis der Bundestagswahl vom Januar 1987 eine Katastrophe. Die zweite Wahl einer neuen Regierung sei immer eine Durchsetzungswahl, nach der die politischen Entscheidungen mit einem breiten politischen Mandat durchgesetzt werden sollten. In diesem Sinne sei das magere Ergebnis von '87 ein glatter Fehlschlag gewesen. Nach der Veröffentlichung dieser Äußerungen im SPIEGEL waren Dettlings Tage im Umfeld der CDU-Politik gezählt. Er blieb nicht mehr lange Angestellter im Familienministerium.

Ulf Schönbohm hielt sich über den Amtsantritt von Volker Rühe als Generalsekretär hinaus, durch den viele Vertraute Heiner Geißlers den Laufpass bekamen. Im ehemaligen Umfeld Heiner Geißlers wurde geschertzt, das Kanzleramt habe ihn wohl vergessen... Höchstwahrscheinlich bestand diese Einschätzung zu Recht. Denn als Schönbohm damit beauftragt wurde, die ersten Entwürfe für den Wahlkampf '90 zu machen und in diesem Zusammenhang Unterlagen aus dem Kanzleramt angefordert wurden, waren seine Tage gezählt. Wenig später war er nicht mehr Chef der Planungsgruppe.

Danach kam die kontinuierliche Demontage. Die Planungsgruppe erhielt einen neuen Namen „Grundsatzfragen / Politische Planung" und ihre Aufgabe bestand hauptsächlich darin, Schreibstube für Reden von Helmut Kohl und Peter Hintze zu sein.

Bei der Lösung der Aufgabe der Planungsgruppe stellte sich jedoch bald ein Grundkonflikt heraus: Das Modell einer Volkspartei geht davon aus, dass die Willensbildung von der Basis an die Spitze verläuft. Entscheidungen, die an der Spitze gefallen sind, sollen umgekehrt von den Mitgliedern in ihrem Freundes- und Bekanntenkreis an die breite Öffentlichkeit weiter getragen werden.

In diesem Modell ist wenig Platz für Experten und Wissenschaftler, die – losgelöst von ihrer individuellen Situation als Bürger – mittel- und langfristige Entwicklungen betrachten und ihre Folgen für die Partei und das Land analysieren. Das bestehende Parteimodell hat die Tendenz, diese Menschen als von der Basis abgehobene Theoretiker abzuqualifizieren und sich gegen ihre Vorschläge zu sperren. Der Journalist Christoph Wagner schreibt über Helmut Kohl:

„Spätestens seit der Mann an der Spitze der Partei Kanzler geworden war, geriet die Erneuerung unweigerlich ins Stokken. Helmut Kohl war nie ein Mann der Reformen gewesen, aber er war über einige Jahre hinweg ein Mann der Reformer. Solange er die ihm von seiner Wesensart völlig fremden Leute im Adenauerhaus als Hausmacht gegen die von alten Kräften dominierte Fraktion oder gegen die CSU und den Rivalen Franz Josef Strauß brauchte, oder solange sie – zumindest einige von ihnen – in einer sozialdemokratisch geprägten Zeit für ein pseudosozialdemokratisches Outfit der Partei standen, benutzte und förderte er sie. In dem Maße, wie diese Voraussetzungen nach und nach entfielen, erschöpfte sich der Reformdrang des Parteichefs."[17]

Mit der Einschränkung, dass es den „Erneuerern" in der CDU durchaus nicht darum ging, der Partei ein „pseudosozialdemokratisches Outfit" zu verpassen, sondern darum, nach

---

[17] Christoph Wagner, „Ein Floß auf dem man manchmal bis zum Bauch im Wasser steht" / Helmut Kohl und die CDU, in: FR, 30. 1. 1996, S. 16.

echten gesellschaftspolitischen Alternativen zu suchen, ist die Einschätzung der Reformbereitschaft Helmut Kohls durchaus zutreffend. Doch 1973 war den Mitgliedern der Planungsgruppe das nicht bewußt. Sie wollten die CDU erneuern, und sie waren sich sicher, dass sie das auch sollten.

* * *

Die ersten Anzeichen, dass Martin Vogtherr eher auf einen Wellenlänge mit Kurt Biedenkopf als mit Helmut Kohl war, stellte sich schon nach wenigen Wochen ein, doch niemandem war damals so recht bewußt, dass diese Vorfälle typisch sein würden für die Abläufe in den nächsten zwanzig Jahren des Parteivorsitzes von Helmut Kohl.

Er hatte im Frühjahr 1994 – wenige Wochen nach seinem Eintritt in die Bundesgeschäftsstelle, seinen ersten Entwurf für eine Rede von Helmut Kohl geschrieben. Während des Schreibens war auf einmal völlig unangemeldet ein Referent des Verbandes, vor dessen Jahreshauptversammlung Helmut Kohl sprechen sollte, in seinem Büro erschienen. „Ich habe gehört, dass Sie die Rede Ihres Parteivorsitzenden vor unserem Verband schreiben, und da wollten wir Ihnen gerne unsere Unterstützung anbieten." Der Referent blieb nicht lange in seinem Zimmer – Warnfried Dettling warf ihn nach einem kurzen und heftigen Gespräch hinaus und Martin Vogtherr stellte die Rede ohne die Federführung des Lobbyisten fertig.

Der Bundesgeschäftsführer hatte sie nach Mainz in die Staatskanzlei geschickt, wo Helmut Kohl als Ministerpräsident von Rheinland-Pfalz herrschte, und von dort kam sie postwendend mit den Worten zurück, sie sei völlig unbrauchbar und man solle den unbedarften Schreiber doch am besten gleich feuern... ein Urteil, das für einen Angestellten in der Probezeit nicht ungefährlich hätte sein können. Doch Martin Vogtherr hatte Glück: Erstens lässt sich kein Bundesgeschäftsführer sein Personal gerne von außen schlecht machen, zweitens fand er selber die Rede nicht schlecht und drittens hatte

Martin Vogtherr in der Zwischenzeit einige gute Papiere für Kurt Biedenkopf geschrieben, so dass sich quasi von selbst sein Arbeitsschwerpunkt verschoben hatte und er auch weiterhin in der Bundesgeschäftsstelle Verwendung fand.

Eine zweite Tatsache an diesem Vorgang war ebenfalls bemerkenswert und für die Zukunft von großer Bedeutung. Es wurde nie herausgefunden, ob die vernichtende Kritik tatsächlich von Helmut Kohl stammte. Niemand wußte, ob er die Rede wirklich selber gesehen hatte, oder ob es nur eine Entscheidung seines engsten Kreises war. Bis zum Ende der Regentschaft Helmut Kohls war es selbst für den Bundesgeschäftsführer nicht immer klar – außer wenn ihn Helmut Kohl direkt am Telefon anbrüllte – ob er es mit dem Willen des Bundeskanzlers oder eines seiner Satelliten zu tun hatte. So gab es einmal folgenden Fall: Man hatte im Adenauer Haus gehört, der Kanzler habe eine Abneigung gegen eine bestimmte kleinere Agentur entwickelt. Sofort wurden die Beziehungen zu dieser Agentur abgebrochen. Die Agentur gab jedoch nicht so schnell klein bei, und nach Wochen der intensiven Bearbeitung vieler Mitarbeiterinnen und Mitarbeiter der Bundesgeschäftsstelle wurde der Versuch unternommen, herauszufinden, was der Kanzler denn gegen diese Agentur habe. Ergebnis: überhaupt nichts und der nächste Auftrag folgte auf dem Fuße.

Wenig später durfte Martin Vogtherr noch eine zweite Rede für Helmut Kohl schreiben, die diesem dann aber unter Verschweigung der wahren Autorenschaft zugesandt wurde. Ein Ziel der Reden für den Vorsitzenden war es, Helmut Kohl das Profil eines gebildeten liberalen Demokraten zu verschaffen. Und so befasste sich das Thema mit den Grundfragen der repräsentativen parlamentarischen Demokratie in Abgrenzung zu linken Theorien direkter Demokratie. Es war für Martin Vogtherr selbstverständlich, nicht nur die Gedanken der großen Theoretiker wie Rousseau und Montesquieu in diese Rede mit aufzunehmen, sondern auch ihre Namen zu erwähnen. Die Rede fand Gefallen und es gab in der Endfassung nur wenige Korrekturen. Allerdings waren die Namen der Philosophen gestrichen worden. Kurze Zeit später kursierte im Konrad-Adenauer-Haus das Gerücht, die Namen seien entfernt worden, weil sie der Vorsitzende nicht aussprechen könne.

Wenn man unterstellt, dass Helmut Kohl schon damals ein ausgeprägtes System von Zuträgern in der Bundesgeschäftsstelle hatte, muß man davon ausgehen, dass ihm auch dieser Spott schnell hinterbracht wurde. Kein Wunder, dass von Anfang an sein Verhältnis zur Parteizentrale nicht von übermäßigem Vertrauen geprägt wurde – von späteren Entscheidungen Kurt Biedenkopfs und Heiner Geißlers gegen ihn einmal ganz abgesehen. In späteren Jahren waren für Helmut Kohl die Angestellten in der „BG" nur noch Teil eines unproduktiven Apparates – eine Beurteilung, die sich ihrerseits in Bonn herumsprach und nicht gerade zur Motivierung der Mitarbeiterinnen und Mitarbeiter beitrug.

* * *

Um fair zu sein, muß allerdings gesagt werden, dass nicht nur der Provinzfürst aus Rheinland-Pfalz Abneigungen gegen seine Angestellten pflegte. Auch im progressiven Bereich der Subkultur kommt so etwas vor. In seiner Autobiographie „The Rice Room" beschreibt Ben Fong-Torres, dass Ian Wenner, der Erfinder und bis heute Herausgeber des führenden Rock- und Musikmagazins unserer Zeit, des „Rolling Stone", der Meinung war, Frauen könnten keine guten Artikel schreiben. Ben nutzt deshalb den gleichen Trick wie die Planungsgruppe bei Helmut Kohl. Er schob Wenner einen Artikel von Amie unter falschem Namen unter, und erst als dieser den Text überschwänglich lobte, lüftete Ben sein kleines Geheimnis. Es spricht für Ian Wenner, dass Amie nach diesem Erlebnis unangefochten für den „Rolling Stone" schreiben durfte.

Verpasste Chance: Die Neue Soziale Frage

Mitten in der Nacht klingelte das Telefon. So wurde im Adenauer-Haus erzählt. Kurt Biedenkopf meldete sich aus Washington und diktierte seiner Sekretärin den Text der später so genannten „Mannheimer Erklärung" in den Stenoblock. Wie meistens war er mit seinem Text vor der Abreise nicht termingerecht fertig geworden, doch nun formulierte er – unter Missachtung des transatlantischen Zeitunterschiedes – wie immer druckreif eine Erklärung, die der CDU einen neuen geistigen Horizont geben sollte.

Es war ein in sich schlüssiger Text, der jedoch leider bei den Mitgliedern der Partei auf wenig Gegenliebe stieß. Hier war ein bestimmtes Verbandsinteresse nicht berücksichtigt, dort fühlte sich eine ganze Berufsgruppe, wie z.B. die Landwirte, nicht repräsentiert. Die Mannheimer Erklärung wurde – je länger die Beratungen in den Gremien der Partei dauerten – immer länger und sie näherte sich in Stil und Aussage bedenklich herkömmlichen Parteidokumenten, die sie eigentlich ersetzen sollte. Die Intervention der Verbände bestätigte andererseits eindeutig und unübersehbar die Hauptthese der Mannheimer Erklärung: die unkontrollierte Macht der Verbände.

Mit der Mannheimer Erklärung wollten Biedenkopf und Miegel eine Politik formulieren, die den Einfluß der organisierten Interessen im und auf das Parlament einschränken sollte. Politik sollte sich stattdessen vermehrt für die Belange der schwachen, nichtorganisierten und nichtorganisierbaren Interessen einsetzen. Ein Konzept, dass Biedenkopf die „Neue Soziale Frage" nannte, um es so gegen das Konzept des Klassenkampfes, das für ihn ein Ausdruck der Alten Sozialen Frage war, abzugrenzen.

Auch in der veröffentlichten Meinung gab es einen Aufschrei. An der Spitze der Front gegen die Neue Soziale Frage marschierte die Frankfurter Allgemeine Zeitung. Autoren aus dem Umfeld Ludwig Erhards warnten eindringlich vor der Ausweitung der Sozialleistungen für Bereiche, die durch die Neue Soziale Frage thematisiert wurden. Es war ein absurder Streit, denn Kurt Biedenkopf hatte klipp und klar erklärt, dass es nicht um die Ausweitung von Sozialleistungen ginge, sondern um ihre effizientere Gestaltung. Die von ihm vorgeschlagene Bändigung organisierter Interessen sollte gerade eine Ausweitung verhindern. Erst Politiker und Berater um Heiner Geißler sollten später in der Neuen Soziale Frage ein Mandat für neue Sozialleistungen sehen.

* * *

Fragen der Verbandsdemokratie wurden von der Planungsgruppe ebenso bearbeitet wie Fragen der Konsequenzen des schrumpfenden Bevölkerungswachstums. Mit einer ganzen Reihe von Büchern, die beim Olzog Verlag in München erschienen, beeinflussten die Planungsgruppe und die mit ihr zusammenarbeitenden Sozialwissenschaftler auch die aktuellen Diskussionen bis hin zu den Universitäten. Viele der Entwicklungen, die der Regierung in den achtziger und neunziger Jahren, ja bis ins neue Jahrtausend, beinahe unlösbare Probleme bereiteten, wie. z.B. die Kostenexplosion im Gesundheitssektor, wurde bereits in den siebziger Jahren von der Planungsgruppe durchdacht. Die dort erarbeiteten Lösungsansätze fanden jedoch nie eine Beachtung. Später sollte Kurt Biedenkopf sagen, daß gesellschaftliche Erkenntnis eine Inkubationszeit von 20 Jahren habe – mindestens…

Die Schwierigkeiten mit der Neuen Sozialen Frage begannen jedoch nicht erst mit dem Versuch, sie in reale Politik umzusetzen. Das Problem entstand bereits bei der Absicht, die Öffentlichkeit über ihre Inhalte zu informieren. Denn die Planungsgruppe durfte nicht immer alles, was sie erarbeitete, auch veröffentlichen. Um die Neue Soziale Frage auch einem breiteren Publikum verständlich zu machen, hatten Warnfried Dettling und Martin Vogtherr mit einigen anderen Autoren, zumeist Professoren, ein Buch geschrieben mit dem Titel „Die Neue Soziale Frage und die Zukunft der Demokratie". Als es im Herbst 1975 im Bleisatz stand und druckfertig war – damals gab es ja weder Computer noch Lichtsatz – kam aus Mainz das Verbot der Veröffentlichung. Die orthodoxen Marktwirtschaftler hatten bereits genug Ärger gemacht und Helmut Kohl wollte vor der Wahl 1976 keine weiteren Irritationen. Es ist für Außenstehende unvorstellbar, wie groß die Wut und die Enttäuschung der Autoren waren. Es war das erste Mal, dass die Bundesgeschäftsstelle nach dem vatikanischen Prinzip der verbotenen Bücher regiert wurde.

Trifft auf taube Ohren:
Herbert Gruhl und die Grüne Revolution

> „Die Union hat in den siebziger Jahren den großen Fehler gemacht, die Ökologie, ein im besten Sinne konservatives Thema, Radikalen und Extremisten überlassen zu haben."
>
> Volker Zastrow, Konservativer Fortschritt,
> in FAZ, 22.6. 2008, S. 10

In den letzten 25 Jahren des ausgehenden Jahrhunderts hat die CDU einerseits politische Themen aufgegriffen und dann nicht weiterverfolgt wie z.B. die Neue Soziale Frage. Andererseits hat sie zentrale politische Themen einfach „links" liegen gelassen. Dazu gehört an erster Stelle die Frage des Umweltschutzes, als sie von Herbert Gruhl thematisiert wurde. Später wurde die Frage des Verhältnisses der CDU zu den Künstlern von Generalsekretär Heiner Geißler angesprochen, aber dann im Wahlkampf von 1980 unter der Kandidatur von Franz Josef Strauß nicht weiterverfolgt, bzw. abrupt beendet. In der Frage der elektronischen Revolution hat die CDU in letzter Minute „die Kurve gekratzt". Und es sollte die Jahrtausendwende vorüber gehen, bis Politiker der CDU die erheblichen Probleme des Zusammenlebens mit den Anhängern der zweitgrößten Religionsgemeinschaft in Deutschland, den Muslimen, in Angriff nahm.

* * *

In der Geschichte großer Wirtschaftsunternehmen gibt es eindrucksvolle Beispiele, wie strategische Fehlentscheidungen Jahre, vielleicht Jahrzehnte später, das „Aus" für ein Unternehmen bedeuten können. Die großen Fluggesellschaften PANAM und bei TWA sind dafür ein abschreckendes Beispiel. In den fünfziger und sechziger Jahren international führend, versäumten sie es, parallel zur zunehmenden inneramerikanischen Mobilität ihr heimisches Flugverbindungsnetz auszuweiten. United Airlines und American Airlines gingen dagegen den umgekehrten Weg von inneramerikanischen zu internationalen Fluggesellschaften. Und als die Konkurrenz sich verschärfte, standen PANAM und TWA zwanzig Jahr später auf einmal ohne inneramerikanische Zubringerdienst da – und mußten den Konkurs anmelden. In der Politik gab es bei der CDU ein ebensolches, lebensbedrohendes Versäumnis.

Der Bundestagsabgeordnete Herbert Gruhl hatte ein Buch veröffentlicht „Ein Planet wird geplündert", das große Beachtung fand. Schwer lesbar und manchmal mit unerträglich erhobenem moralischem Zeigefinger klagte er in diesem Buch den Raubbau an der Natur an und malte die katastrophalen Folgen für die Zukunft der Menschheit und der Erde aus, die eine unveränderte Politik der Industrialisierung mit sich bringen würde. Die Medien stürzten sich auf seine Thesen und für die Planungsgruppe war es selbstverständlich, sich intensiv mit seinen Thesen auseinander zu setzen. Um ehrlich zu bleiben muß gesagt werden, dass auch die Referenten der Planungsgruppe nicht begeistert waren von dem Buch an sich, dazu war es einfach ein zu grober Brocken, aber es war völlig klar, dass die Analysen, wenn auch nicht alle Prognosen, auf alle Fälle beachtenswert waren. In diesem Sinne lautete auch Empfehlung der Planungsgruppe an die Parteiführung: sich weiter mit diesen Inhalten beschäftigen, mit dem Autor reden, ihn nicht lächerlich machen, ihn nicht ausgrenzen, versuchen ihn einzubinden...

Letzen Endes war alles vergeblich. Die Planungsgruppe konnte sich nicht durchsetzen, Gruhl wurde ausgegrenzt, seine Gedanken fanden nicht im Ansatz eine Heimat in der CDU. Innerhalb der nächsten zehn Jahre haben sie sich nicht nur verselbständigt, sondern auch politisch verfestigt, und zum ersten Mal kam es zum Einzug einer neu gegründeten Partei in den Deutschen Bundestag, die dadurch das herkömmliche Parteienspektrum aufbrach. Die CDU hatte die einmalige Chance vertan, sich die grünen Gedanken eines ihrer Bundestagsabgeordneten zu Eigen zu machen und dadurch eine neue Generation besorgter Bürger an sich zu binden.

Es ist richtig, dass die CDU-geführte Bundesregierung später z. B. den Katalysator gegen den erbitterten Widerstand der Industrie einführte, die Rauchgasentschwefelung durchsetzte und auch bei der Konferenz von Rio 1992, in der mit der Agenda 21 ein Programm verabschiedet wurde, das das Prinzip der nachhaltigen Entwicklung festlegte, eine führende Rolle spielte. Doch das Versäumnis, die Vertreter des Interesses an einer sauberen Umwelt an sich zu binden, ja dieses Thema „zu besetzen", sich zum Schrittmacher zu machen, konnte die CDU bis heute nicht ausbügeln.

* * *

Wie auf Bundesebene waren die siebziger Jahre auch im CDU-Kreisverband Bonn, in dem Martin Vogtherr Mitglied war, Jahre der intensiven programmatischen Diskussion. Dabei entpuppte sich die Bonner CDU in programmatischer Hinsicht als wesentlich innovationsfreudiger als im Bereich ihrer Personalentscheidungen. Nachdem sich die Bonner

CDU noch 1972 mit großer engagierter Mehrheit gegen die Ostverträge ausgesprochen hatte, begann sich während der Diskussion des Grundsatzprogramms der Bundespartei, das 1978 nach mehreren bundesweiten Beratungsdurchgängen verabschiedet wurde, liberales, manchmal sogar zaghaft alternatives Gedankengut durchzusetzen. Mit all ihren Anträgen gelang es der Bonner CDU immer wieder, auf Bundesparteitagen Akzente zu setzen und ihre Ansichten durchzusetzen.

In diesen Unterschieden zwischen personalpolitischem Beharren und programmatischer Erneuerung liegt sicher eine Erklärung für die schlechter werdenden Wahlergebnisse der CDU in Bonn: Viele Wähler, die die CDU in den vergangenen Wahlen verloren hatte, haben einfach nicht mehr erkennen können, welches denn nun die wirkliche CDU sei, die mit den zeitgemäßen Programmaussagen oder die mit den immer gleichen Kandidaten...

1979 setzten sich in der Jungen Union Bonn dann auf einmal ganz neue Gedanken durch. War bis dahin der Jurist Wolfgang Kirsch Kreisvorsitzender und Stadtverordneter auf dem Weg zu einer kommunalen Spitzenkarriere, so wurde nun mit Martin Vogtherr jemand Kreisvorsitzender, der mit Redakteuren des „Rolling Stone" Magazin aus San Francisco befreundet war, Andy Warhol kannte und der behauptete „small is beautiful". Eine harte Pille für Bonns CDU, aber trotzdem bis 1983 – vier turbulente Jahre lang – konnte die Junge Union neue Akzente setzen. Jugendkultur hieß die neue Richtung und immerhin, langsam bewegte sich auch die CDU im Stadtrat: Darlehen für die Heimat aktueller Rockmusik, die „Rheinterrassen", Gelder für das Kabarett „Pantheon", Subventionen für die „Brotfabrik" als alternatives Zentrum für Musik, Tanz, Theater und Film, später dann Rheinkultur und Springmaus.

Die Presse war in all diesen Jahren der beste Verbündete Martin Vogtherrs. „Junges Grün am alten Stamm" so lautete die Überschrift in einer Bonner Tageszeitung nach seiner ersten Pressekonferenz als neu gewählter Kreisvorsitzender. „Der Jungen Union ein neues Gesicht verpasst" hieß die Schlagzeile zu seinem Abschied. In den dazwischen liegenden vier harten Jahren fand er in den Bonner Journalisten immer wieder aufmerksame und wohlwollend kritische Begleiter. Auch bei der Beschreibung seiner Arbeit fand die Presse den richtigen Ton: „Ein bisschen Alternativ..." hieß die Überschrift zur Berichterstattung über die Bonner Anträge zum Jugendparteitag der CDU in Hamburg 1981. Es muß für Journalistinnen und Journalisten eine wohltuende Abwechslung gewesen sein, einen Politiker zu begleiten, der z. B. zu Heinrich Heines Todestag als sonntägliches Matinée eine Lesung in einem kleinen Privattheater mit dem hervorragenden Schauspieler Günter Stahl veranstaltete.

* * *

Der einzige andere Politiker der CDU, der wie Martin Vogtherr davon ausging, dass der Ansatz alternativer Lebensformen genau zur CDU-Programmatik einer Gesellschaft, in der wesentliche Aufgaben von „privaten Trägern" – sprich Vereinen und Ehrenamtlichen – übernommen werden, passte, war Ulf Fink, der nach seiner Zeit als Bundesgeschäftsführer Sozialsenator in Berlin wurde. Er förderte private Träger auch und gerade wenn sie aus der alternativen Szene stammten, erhielt fürchterliche Hiebe dafür und erlitt letzten Endes Schiffbruch innerhalb der CDU für diese Politik (allerdings auch bei den Alternativen). Zu eng war und ist der spießbürgerliche Freiheitsbegriff, als dass er auch neue Formen gesellschaftlichen Lebens einschließen konnte. Es wird interessant sein zu verfolgen, wie sich die neue Zusammenarbeit von Schwarz-Grün entwickelt.

Auf der Bundesebene war es Heiner Geißler, der 1980 einen letzten Versuch der Integration des Gedankens, dass „small beautiful" ist, versuchte. Auf einem großen Jugendfestival in Mainz gab er Martin Vogtherr – der zu diesem Zeitpunkt schon nicht mehr für die CDU arbeitete – die große Chance, völlig nach eigenen Vorstellungen eines der zehn Foren zu gestalten, mit dem Thema: „Müssen wir heute anders leben, um morgen zu überleben?" Es war eine einmalige Gelegenheit. Freunde hatten Westküstenmusik – angefangen von den Mamas and Papas bis hin zu Jefferson Airplane – zu einem Soundtrack für das Forum auf Band genommen. Er hatte mit seinen Büchern über alternatives Leben eine kleine Ausstellung zusammengestellt und mit dem rheinland-pfälzischen Kultusminister Georg Gölter einen interessanten Dialogpartner.

Aber es war wohl der schlechteste denkbare Augenblick für dieses Forum überhaupt: Das Jugendfestival war eine Wahlkampfveranstaltung und alles Interesse konzentrierte sich auf den Matador und Kanzlerkandidaten Franz Josef Strauß im Hauptzelt.

Vergebene Liebesmüh: Die CDU und die Kunst

Heiner Geißler war als Generalsekretär weit mehr als der immer präsente Wadenbeißer, der der SPD ohne Unterlass nachstellte. Er durchpflügte konstant alle gesellschaftlichen Bereiche auf der Suche nach Themen, bei denen die CDU ein Defizit hatte und die Möglichkeit bestand, Signale in bislang unerreichte Wählerschichten zu senden. So auch im Bereich von Kunst und Kultur.

* * *

Als erzieherische Maßnahme erhielt Martin Vogtherr während seines Studiums von seinen Eltern nur einen kleinen monatlichen Scheck, und so suchte er sich einen Job in München. Als Dolmetscher arbeitete Martin Vogtherr für den Besucherdienst der Bundesregierung „inter nationes" und begleitete ausländische Regierungsgäste auf ihrem Besuchsprogramm. Es stellte sich bald heraus, dass er einer der wenigen Begleiter mit Interesse für Kunst und Kultur war, und darum betreute er fast ausschließlich Maler, Musiker, Schauspieler, Regisseure und Museumsdirektoren. Es war für ihn faszinierend mit den ausländischen Gästen durch Museen, Ausstellungen und Theaterproben zu streifen und Gespräche mit Regisseuren, Künstlern und Galeristen zu dolmetschen – wenn das überhaupt notwendig war, weil diese in der Regel zwei, drei oder vier Sprachen fließend sprachen. So interviewte ein Gast einmal den jungen August Everding, als er noch im Prinzregententheater war und seine Stationen an der Oper in München, in Hamburg und New York sowie wieder in München noch vor sich hatte. Durch andere Theaterleute lernte Martin Vogtherr unter anderen Gert Fröbe und Kurt Jürgens kennen und er mußte aufpassen, dass er neben all den interessanten Einladungen, die daraus folgten, noch an sein Studium dachte.

Bei einem seiner Besuche stieß er auf die Galerie Heiner Friedrich, die in München die Tore der minimalistischen Avantgarde aufgestoßen hatte. Mit Installationen aus Wollfäden von Fred Sandback, einem Erdraum von Walther de Maria und Holz-, Metall- und Plexiglasskulpturen von Don Judd stellte sie Werke aus, die einen großen ästhetischen Reiz hatten und zum Nachdenken anregten. Nach vielen langen Nachmittagen mit den Grafikschätzen und Skulpturen der Galerie entwickelte sich eine dauerhafte Freundschaft zwischen ihm und den drei Partnern der Galerie: Six Friedrich, Sabine Knust und Fred Jahn. Später begann er auch die Werke der Galerie zu sammeln, so dass er heute einen kleinen aber feinen Bestand von Werken der Künstler Baselitz, Palermo, Sandback, Judd und Dan Flavin sein eigen nennen kann. Die Tatsache, dass es in Köln eine zweite Galerie Friedrich gab, machte es ihm leichter, den Kontakt zu seinen Freunden und ihren Künstlern zu halten. Eine weitere wichtige Anlaufstelle für Kunstgenuß wurde für ihn die Galerie Kicken: Rudolf Kicken hatte mit ihm zusammen Volkswirtschaft studiert, bevor er seine Liebe zur Fotografie entdeckte und sich als Wiederentdecker von Bauhausfotografen und Promotor amerikanischer Avantgarde in Deutschland profilierte.

* * *

Als Heiner Geißler sich auf die Suche machte, wer sich für die CDU um ein besseres Verhältnis mit Künstlern und Intellektuellen kümmern könne, wurde ihn gesagt, „da sitzt schon jemand da und wartet…" und so wurde das Kunstreferat gegründet und Martin Vogtherr zum Kunstreferenten gemacht.

Um auch in der Öffentlichkeit zu dokumentieren, dass die CDU sich ernsthaft um den Kontakt mit Künstlern und Intellektuellen kümmern wollte, wurde beschlossen, in der Bundesgeschäftsstelle Ausstellungen zu veranstalten. Martin Vogtherr schlug vor, mit Bildern aus seiner eigenen Sammlung der deutschen Avantgarde zu beginnen. Nicht ohne eine gewisse Skepsis wurde diesem Vorschlag zugestimmt, doch danach begann erst der eigentliche Hindernislauf der Umsetzung. Das Kunstreferat hatte keinen eigenen Etat, also mußte geklärt werden, wer das Porto für die Einladung bezahlt, wer den Druck der Einladungskarten. Geld für Getränke bereit zu stellen wurde zu einer beinahe unlösbaren Aufgabe, es schien als könne die Bundesgeschäftsstelle an dieser Frage Bankrott gehen. Als nächstes lief die Sicherheitsabteilung Amok: So viele fremde Menschen im Haus, wer solle denn da für die Sicherheit garantieren. Statt Unterstützung durch die anderen Abteilungen gab es nichts als einen Reigen der Bedenkenträger. Die Ausstellung fand schließlich doch statt, die Eröffnung wurde gut besucht und einige positive Artikel in Tageszeitungen setzen einen ersten Akzent in der Öffentlichkeit.

Wesentlich einfacher war es, mit ausgewählten Künstlerinnen und Künstler so genannte „Ateliergespräche" mit Abgeordneten aus dem Deutschen Bundestag zu veranstalten. In ruhiger und sachlicher Atmosphäre wurden z.B. Fragen der Künstlersozialversicherung, der Ausstellungsfinanzierung und der Finanzierung des Kunstbetriebes diskutiert. Und langsam begann sich durch das Weitertragen der Ergebnisse dieser Ge-spräche auch eine Wirkung in der „Szene" zu entfalten. Was sich da tat, war vielen „Linken" nicht recht. Und so mußte sich z. B. Starregisseur Harry Buckwitz schwere Vorwürfe machen lassen, dass er der Einladung der CDU gefolgt war.

Eine der wichtigsten Ausstellungen trug den Titel „Ab-geordnete sammeln Kunst", in der Mitglieder des Deutschen Bundestages Schätze aus ihrem Privatbesitz zeigten. Es wurde eine große Überraschung, von Otto Müller über Yves Klein waren Impressionisten, Expressionisten und zeitgenössische Künstler von hoher Qualität vertreten. Und viele fragten sich, warum Mitglieder einer Partei, die in solchem Ausmaß Bilder sammeln, nicht auch in der Öffentlichkeit einen offenen Dia-log mit Künstlerinnen und Künstlern pflegten. Es schien so, als seien nicht nur ihre Bilder und Plastiken für diese Abge-ordneten Privatbesitz, sondern als wollten sie auch ihre Bezie-hungen in der Kunstwelt mit niemandem teilen. Eine Einstel-lung, die leider dazu geführt hat, dass nur negative Äußerun-gen wie das Wort Erhards von den „Pinschern" und negative Handlungen wie das Abreißen der Poster von Klaus Staeck in der parlamentarischen Gesellschaft durch Philipp Jenninger das Image der CDU im Kunstbereich bestimmten.

* * *

Amie hatte ihrem Freund immer Mut gemacht, die Freiheit, die so hoch gepriesen wurde, auch in Anspruch zu nehmen. Dazu gehörte auch die Freiheit, sich einen goldenen Knopf ins Ohrläppchen setzen zu lassen. Das war nicht als Demon-stration irgendeines Protests gemeint – es sollte schlicht und einfach nur Körperschmuck sein – heute eine Selbstverständ-lichkeit. Doch diese Entscheidung hatte später Folgen:

Das Leben ist wie ein Puzzle. Manchmal geht einem Jahre nach einem Ereignis erst die wahre Bedeutung von ein paar Worten auf. Manchmal genügt ein Halbsatz, um es im Gehirn klicken zu lassen, und dann fällt es einem wie Schuppen von den Augen. Doch bei einem Ereignis brauchte er keine Jahre, um dessen Bedeutung zu verstehen. Als Kunstreferent war er zu einer Ausstellungseröffnung der Konrad-Adenauer-Stiftung eingeladen. Alle hatten sich schick gemacht, und natürlich trug er seinen goldenen Knopf im Ohr. Martin Vogtherr wird den entsetzten, erschreckten Blick eines versteinerten Bruno Heck, ehemaliger Generalsekretär der CDU und damals Vorsitzender der Stiftung, nie in seinem Leben vergessen: Vor ihm stand ein Mann mit einem goldenen Knopf im Ohr! Es sah fast so aus, als träfe ihn auf der Stelle der Schlag, und Martin Vogtherr war klar, das war das Ende seines Aufstiegs in der CDU-Bundesgeschäftsstelle. Spätestens, allerspätestens am nächsten Morgen würde bei Helmut Kohl das Telefon klingeln und Bruno Heck würde ihm von seinem Erlebnis berichten.

Natürlich hat er nie eine offene Reaktion erfahren, doch sein Inneres sagt ihm, dass es so war. Heute haben Jungen und Mädchen rechts und links im Ohr, in der Nase und an den Augenbrauen Ringe und andere Schmuckstücke. Er war einfach etwas zu früh, und er mußte dafür bezahlen. Denn: Wer zu früh kommt, den bestrafen die Spießer. Im Künstlerleben wäre er vielleicht damit durchgekommen, aber im realen Leben, und ganz besonders in der Politik unter den Augen eines sittenstrengen ehemaligen Zentrumspolitikers war er ganz schnell an die Grenze gestoßen.

Jahre später erhielt er eine Einladung vom Büro des Parteivorsitzenden zu einer Ausstellungseröffnung im Kanzleramt. Er genoss die Bilder und die festliche Atmosphäre. Doch irgendjemandem mußte sein Gesicht aufgefallen sein, und obwohl er nicht mehr mit dem goldenen Knopf geschmückt war wurde er nie wieder eingeladen.

* * *

Das Ende der Bemühungen um Künstler und Intellektuelle kam in Raten: In der Folge der Anschläge der Baader-Meinhof Gruppe begann Heiner Geißler undifferenziert auf die Intellektuellen einzuschlagen, sie seien die geistigen Väter des Terrorismus – eine Einstellung, die nicht dazu beitrug, dass Künstler und Intellektuelle bereit waren, weiterhin mit der CDU zu sprechen. Daran änderte sich auch nichts, als Martin Vogtherr Heiner Geißler half, seine Kritik literarisch zu verbrämen. Als Fan von Heinrich Heine, einer offensichtlich von seiner Großmutter übernommenen Einstellung, hatte er Geißler ein Zitat aus „Deutschland – Ein Wintermärchen" vorgelegt, dass dieser immer wieder verwendete und den Intellektuellen vorhielt:

> „Dem Konsul trug man ein Beil voran,
> Zu Rom, in alten Tagen.
> Auch du hast deinen Liktor,
> doch wird das Beil dir nachgetragen.„
> "Ich bin dein Liktor, und ich geh'
> Beständig mit den blanken
> Richterbeile hinter dir – ich bin
> Die That von deinem Gedanken."[18]

Als dann Franz Josef Strauß zum Kanzlerkandidaten gewählt worden war, ließen viele der Gesprächspartner Martin Vogtherr wissen, er sei ja ein netter Kerl und es mache wirklich Spaß, sich mal mit Politikern unterhalten zu können. Aber im Wahlkampf hätten sie keine Lust, sich vor den Karren der CDU spannen zu lassen, mit einem Kandidaten FJS schon gar nicht und deshalb würden sie in den nächsten Monaten keine Einladungen von der CDU mehr annehmen...

Da Martin Vogtherr keine Lust hatte, sich das Wahlkampfjahr über zu langweilen, spielte er mit dem Gedanken. Sich eine andere Beschäftigung zu suchen.

---

[18] Heinrich Heines sämtliche Werke, Philipp Reclam, Leipzig 1887, S.729f.

DIE ACHTZIGER JAHRE:
DIE CDU AUF DER HÖHE DER MACHT

Die Regierungspartei wird wieder Wahlverein

Die achtziger Jahre brachten endlich den großen Durchbruch: im Herbst 1982 brach die sozialliberale Koalition
auseinander, Helmut Kohl wurde Bundeskanzler und in der
Bundestagswahl im März 1983 mit fast triumphaler Mehrheit
bestätigt. Dem zugkräftigen Slogan „Nie wieder: Arbeitslosigkeit, Schulden, Pleiten" konnte sich niemand entziehen.
Die Partei, d. h. die Mitglieder hatten auf ihre Weise dazu
beigetragen: hoch motiviert und engagiert hatten sie im Bundestagswahlkampf gekämpft, unterstützt von einer Parteizentrale, die als die modernste Europas galt, wenn nicht als die
schlagkräftigste überhaupt.

Fragt man sich heute, wie es zum Regierungswechsel gekommen ist, so muß man sich der Tatsache stellen, dass es
seit der Wahl von Helmut Kohl zum CDU-Vorsitzenden eigentlich immer zwei nebeneinander her laufende Bemühungen gegeben hatte: Kurt Biedenkopf und Heiner Geißler hatten versucht, der Partei ein intellektuelles und sozialpolitisch
attraktives Profil zu geben, sie programmatisch interessant zu
machen und zugleich die Parteizentrale aus einer schläfrigen
Bürokratie in einen schlagkräftigen Apparat zu verwandeln.

Währenddessen hatte Helmut Kohl sein Telefon und seine
Präsenz vor Ort in der Partei dazu benutzt, Menschen an sich
zu binden. Durch ständiges Umwerben der FDP bereitete er
ihren Austritt aus der Koalition mit der SPD mit vor – und
war damit erfolgreicher. Denn in Deutschland wurden zum
damaligen Zeitpunkt Parteien von der Bevölkerung nicht aus
der Regierung gewählt, sondern Regierungen wurden durch
den Eintritt in Koalitionen geschaffen und durch den Austritt
aus Koalitionen gestürzt. Erst 1998 sollte – dann allerdings
mit überraschender Klarheit – eine Regierung, diesmal die
der CDU, tatsächlich abgewählt werden.

Will man zynisch sein, kann man daraus die Folgerung
ziehen, das die programmatische Erneuerung der CDU eine
Beschäftigungstherapie für einen intellektuellen Berater-

stab gewesen war, die zwar das Wohlwollen der Journalisten und Meinungsmacher gefunden hatte, an der Aufgabe, den Machtwechsel herbeizuführen aber gescheitert war. Daraus lässt sich ein weiterer Schluss ziehen: Viele vermissen nach der Wahl von Angela Merkel zur Vorsitzenden die inhaltliche Rundumerneuerung der CDU. Aber vielleicht verhält sich Angela Merkel ja auf ihre Art besonders weise, indem sie versucht, hinter den Kulissen ihre persönliche Macht zu festigen und keine Zeit mit gedanklichen Experimenten vertut.

* * *

Die Bundesregierung war daran gegangen, politische Reformen umzusetzen, die die Partei erarbeitet hatte, wie z. B. das Erziehungsgeld und die Möglichkeit für Ehepaare zu wählen, wer in den ersten Jahren zur Erziehung des Kindes zu Hause bleiben sollte.

In den folgenden sechzehn Jahren gab es in Deutschland nun folgendes Szenario: Der Kanzler regierte, die Partei trat zunehmend in den Hintergrund, bis sie schließlich wieder zu einem Wahlverein wurde.

CDU-Generalsekretär Heiner Geissler war allerdings schon vor der Regierungsübernahme an die Grenzen der Modernität und Offenheit der CDU gestoßen: Auf der Suche nach neuen Wählergruppen und in dem Bemühen, die Basis der CDU dauerhaft zu verbreitern, verordnete er der Partei 1981 einen „offenen" Jugendparteitag, zu dem zusätzlich zu den Delegierten der CDU 500 Jugendliche, die nicht Mitglieder der CDU waren, eingeladen wurden. Der Parteitag fand unter großer Beachtung der Öffentlichkeit statt – nur wurden später seine Absichtserklärungen vor Ort nicht umgesetzt und somit ging von ihm keine dauerhafte Botschaft an junge Menschen aus.

Noch weniger Erfolg hatte der „Frauenparteitag" 1985 in Essen. Diesmal waren 500 Frauen eingeladen, die nicht Mitglieder der CDU waren. Richtungsweisende Beschlüsse wurden gefasst, doch männliche Delegierte mokierten sich noch vor Ende des Parteitages über die Geisslersche Frauenschau. Und erst Jahre später und nach vielen heftigen Debatten kam es endlich zu einem Parteitagsbeschluß, der so etwas wie eine Quotenregelung für eine verstärkte Präsenz der Frauen in den Gremien der CDU war.

* * *

Und so dauerte der Triumph nur kurz. Noch während Helmut Kohl sich an das Regieren gewöhnte, begann schon kontinuierlich die Erosion der Macht: Bei den Wahlergebnissen der CDU in den Bundesländern ging es konsequent und manchmal steil bergab. Die stolze Großstadtpartei und die Partei der Bundesländer verkümmerte zu einer Bundespartei mit immer geringer werdender Mehrheit.

1980: Intermezzo im Kunsthandel

Im Sommer 1980 wurde die Galerie Heiner Friedrich in Köln geschlossen und zum europäischen Ausstellungsraum der „Dia Art Foundation" umgewandelt, die Heiner Friedrich inzwischen mit Philippa de Menil gegründet hatte. Philippas Mutter, Dominique de Menil, gründete später in Houston ein eigenes Museum, für das sie sich von Renzo Piano, dem italienischen Stararchitekten, ein eigenes Ausstellungsgebäude bauen ließ. Es wurde die Heimat für ihre Sammlung einzigartiger Kunstwerke, was ihren gemeinsamen Freund John Richardson, einen Kunsthistoriker, Autor und Picassobiograph aus New York, zu der Bemerkung veranlasste, er sei so froh, dass Dominique ihre Renoirs nun nicht mehr im Kleiderschrank stapeln müsse, wo andere Leute ihre Schuhe aufbewahrten. Während seiner Besuche in New York besuchte Martin Vogtherr immer wieder die Ausstellungsräume der Stiftung.

Sabine Knust, eine der ursprünglichen Partnerinnen der Galerie Heiner Friedrich, hatte ihn in Bonn aufgesucht, um ihm die Geschäftsführung ihrer Galerie in München anzubieten. Da er aber Bonn nicht wieder verlassen wollte, machte sie ihm einen anderen Vorschlag: Er könne doch die neue Kunststiftung managen. Er war begeistert und schon ein paar Wochen später hatte er der Bundesgeschäftsstelle den Rücken gekehrt und begann seine Tätigkeit in der Welt der Kunst.

Im Rahmen seiner Tätigkeit für die „Dia Art Foundation" besuchte er nicht nur das Hauptquartier und die verschiedenen Ausstellungsräume in Manhattan. Eines seiner wichtigsten Erlebnisse war sein Besuch des „Lightning Fields" in New Mexico. Diese Installation besteht aus vierhundert polierten, bis zu drei Meter hohen Stahlstäben, die auf einer Fläche von einer Meile mal einem Kilometer auf einer Hochebene aufgestellt sind. Die Gegend ist bekannt für die Häufigkeit und Heftigkeit ihrer Gewitter und das „Lightning Field" zieht die

80

Blitze gerade zu magisch an. Über seinen Besuch des „Lightning Fields" machte er folgende Aufzeichnung:

Das „Lightning Field"

Albuquerque: Eine laue, dunkle Sommernacht, einen Tag nach dem Vollmond. Ein alter Cowboy mit Wetter gegerbter Haut und abgebrochenen Zähnen fährt uns von Flughafen zum Hotel.

Das Plaza Hotel: Alte spanische Grandeur, durchgescheuert von den Jahren, Carlos Castaneda lässt grüßen, indianische Magie, eine merkwürdige Vorahnung von etwas, das ganz in der Nähe ist.

Ein junger Indio-Mexikaner mit aristokratischem Profil bringt uns auf unsere Zimmer. Er ist verschwunden, als wir wieder in die Lobby kommen. Ein mysteriöser Bote von etwas, das vor uns liegt.

Nach einem überwältigenden Sonnenaufgang beginnt die Fahrt zum Lightning Field. Wenn man es gegen Mittag erreicht, sieht man nur die Hütte, in der man wohnen wird. Wir können die Chromstäbe ahnen, weil wir wissen, dass sie da sind, aber wirklich sehen können wir sie nur in unserer Vorstellungskraft. Walter de Maria muß eine ähnliche Vision gehabt haben, als er zum ersten Mal dieses Land betrat.

Wir betreten die Hütte und stellen unsere Koffer hin. Als wir uns umdrehen wird die Türöffnung der Hütte zu einem dunklen Tor zum Feld: Es liegt nun vor uns wie der Landeplatz für ein Schiff aus dem Weltall, das auf die Begegnung mit einer anderen Welt wartet. Unsere innere Antenne reicht hinaus in das Universum, wir empfangen Impulse vom Unbekannten.

Unser erster Gang geradeaus durch das gleißende Sonnenlicht. Der Ginster kratzt an unseren nackten Waden.

Ich wurde gewarnt auf Klapperschlangen zu achten und deshalb sehe ich mehr auf den Boden als nach den Stahlstäben. Ich bemerke die vielfältigen Veränderungen der Farbe des Bodens, die Pflanzen, Blumen, Sträucher, Gräser und dazwischen die kleinen Flecken Sand.

TOD: Ich habe die Schlangenhaut in der Hütte gesehen, die Rattles einer Schlange in einem der Schlafzimmer...der Gedanke, dass es hier Schlangen gibt, ist allgegenwärtig. Wir sind vor dem Blitzschlag auf dem Feld gewarnt worden, und wir mußten einen Schein unterschreiben, dass wir im Falle eines Unfalls keinen Anspruch an die Organisatoren der Reise zum Lightning Field stellen würden. Ein unbestimmtes Gefühl der Gefahr umgibt uns, uns ist bewußt, dass uns der Tod hier treffen kann, die Vorstellung lässt mich nicht los, dass die Stahlstäbe meinen Körper durchdringen könnten...

Beim ersten Rundgang bemerke ich die Knochen toter Tiere auf dem Boden. Ein Käfer trägt einen anderen Käfer Huckepack. Ist er schon tot oder nur betäubt, um bald darauf getötet oder bei lebendigem Leib gefressen zu werden? Eine schwarze Katze sitzt auf der Terrasse und verschlingt gierig einen schwarzen Vogel. Ich höre wie sich das Geräusch brechender Knochen vermischt mit dem Singsang des Windes, der um die Ecken bläst.

Tod, das Bild eines riesigen Konzentrationslagers kommt mir in den Sinn, ein Camp ohne Stacheldraht, aber nicht weniger Furcht einflössend. Das Image geht vorbei...

Felsen und Sonne, Stahl und der Mensch, klein, verletzbar, alleine gelassen...

An Morgen hatten wir meinen Vater in Deutschland angerufen und Bob in Los Angeles. Wir hatten uns genau zwischen Ost und West platziert, setzen uns ins Zentrum zwischen Menschen, die wir kannten.

Draußen im Feld ist nun jeder, den ich verlassen habe, trotzdem mit mir, die Menschen zu Hause, die Menschen der DIA Art Foundation in New York...Sie sitzen auf meiner Brust und lassen mich nicht alleine, füllen das Vakuum des Feldes mit ihrer geisterhaften Gegenwart.

Am späteren Nachmittag beginnt das Feld langsam zu

erscheinen, sich zu materialisieren. Das silberne Gleißen des Sonnenlichts wird zu einem goldenen Glanz, dann zu dunkler Bronze. Den Blick aus dem Feld heraus nach Westen gerichtet, frage ich mich, warum ich hierher gekommen bin und nicht nach LA, wo die Sonne im Pacific versinkt, wo es Menschen gibt, mit denen man reden kann, grüne Gärten und flackerndes Neonlicht. Ich sehne mich nach dem Leben, während ich den Geräuschen der Stille lausche.

Gewaltige Wolkenberge umgeben jetzt das Feld. Blitze erleuchten die Ebene. Der Wind hat sich gelegt, ein Flugzeug signalisiert mir, ich bin nicht alleine...Alle sind in Gedanken immer noch mit mir, Gesichter umgeben mich, füllen das Vakuum mit ihrer entnervenden Gegenwart.

Wir stehen vor Sonnenaufgang auf. Matt schimmernd stehen die Stahlstifte dort – Schweigen...Dann beginnt die Erde ganz langsam von innen heraus zu glühen. Das Licht wird stärker, verbreitet sich, bis die ersten Sonnenstrahlen über den Horizont reichen. Während die Sonne höher steigt, springen die ersten Lichtblitze von den Spitzen der Stäbe, wo sie für einen Moment verweilt haben, als seien sie Boten aus dem Weltraum.

Die Stahlstäbe sind merkwürdig passiv, sie reflektieren das Licht, das die aufsteigende Sonne auf sie wirft...

Aber nein, es ist ja nicht die Sonne, die aufsteigt – ein altes Bild beherrscht immer noch meine Gedanken und führt mich in die Irre während ich um mich blicke. Es ist der Globus, der sich bewegt, die Erde dreht sich zur Sonne und die Stahlpfeiler drehen sich mit der Erde, in die sie gepflanzt sind, strecken sich in die Luft, opfern sich dem Licht.

400 Stahlstäbe strecken sich nach dem Licht, drehen sich mit der Erde, um sich vom Licht berühren zu lassen während ihrer Reise durch die vierundzwanzig Stunden eines Tages.
– Ewiger Tanz, unbemerkte Bewegung –
Im Verlauf des Morgens entmaterialisieren sich die Stäbe langsam. Je heißer es wird, je heller es wird, desto weiter entschwindet ihr Bild.

Ich zwinge mich, um das Feld zu wandern, um mich zu erschöpfen, und ich habe die merkwürdige Empfindung, dass eine Meile zu gehen, viel angenehmer ist als einen Kilometer zu gehen. Die Meile ist länger, aber sie scheint viel mehr den Proportionen meines Körpers zu entsprechen als das metrische System, das künstlich und unmenschlich erscheint.

Zeit für ein schnelles Essen und dann eine Ruhepause. Am Nachmittag scheint sich die Atmosphäre geändert zu haben. Die Wolken lösen sich langsam auf und der Wind hat sich erneut gelegt – oder bin ich selber ruhiger geworden?

Eine Stunde vor Sonnenuntergang gehen wir noch einmal in das Feld hinein, suchen uns einen Platz, um das Erscheinen der Stäbe noch einmal zu beobachten. Aus der Ferne sendet ein Regenbogen seine Farbe herüber, kleine Blumen sind um uns und langsam füllt sich das Feld mit Stille und Frieden, die Welt fällt hinter den Horizont und die Bilder in mir sind verschwunden, selbst meine Mutter, die neben mir sitzt...es gibt nur noch mich selbst, das Feld und das Licht. Mein Körper ist verschwunden und doch bin ich mir jeder Zelle bewußt.

Der Kampf ums Überleben, die Bilder von Gewalt und Tod sind verschwunden, ich fühle mich auf merkwürdige Weise am Leben, aber anders als zuvor...ich habe FRIEDEN gefunden."

Öffentlichkeitsarbeit. Weder Public noch Relations

Ein Mitarbeiter der Hauptabteilung Öffentlichkeitsarbeit hatte angerufen und gefragt ob Martin Vogtherr an einer Wettbewerbspräsentation für Gestaltung und Produktion eines Kalenders für das Europawahlkampfjahr 1984 teilnehmen wolle. Er nahm das Angebot gerne an, sichtete in zwei Wochen 15.000 Dias, traf eine Auswahl und machte einen Gestaltungsvorschlag. Zur Überraschung aller gewann er die Ausschreibung mit seinem Konzept, die zwölf Kalenderblätter mit künstlich verfremdeten Motiven der zwölf Flaggenfarben zu gestalten. Nach einer weiteren Runde im Konrad-Adenauer-Haus wurde jedoch beschieden, dass die Gestaltung zu weit vom Geschmack der Frauen der Kreisgeschäftsführer entfernt seien, die den Kalender ja schließlich in ihrer Wohnküche aufhängen sollten. So begab er sich noch einmal auf die Suche und heraus kam ein durchaus konventioneller Postkartenmotivkalender. Aber das Wichtigste war, man hatte sich kennen und schätzen gelernt und als im Herbst 1983 die Stelle eines Referenten für Öffentlichkeitsarbeit zu besetzen war, wurde ihm empfohlen sich zu bewerben. Aus einem Feld von 50 Bewerbern schaffte er es in die letzte Gruppe von zweien und dann wurde es politisch: Heiner Geißler setzte sich für ihn ein und ihn schließlich durch, was zur Folge hatte, das der Hauptabteilungsleiter ihn jahrelang seine tägliche Ablehnung spüren ließ.

* * *

Volle Pulle Regierungstätigkeit…
Zwei Bereiche der hauptamtlichen Parteiarbeit wurden durch die Regierungstätigkeit nicht ersetzt und überflüssig gemacht: Öffentlichkeitsarbeit und Wahlkämpfe. Da das Bundespresseamt und die Ministerien keine Werbung für Parteien machen dürfen, muß jede Partei deshalb ihren Anteil an der Regierungsarbeit so gut wie möglich verkaufen und natürlich müssen alle Parteien Wahlkampf führen, um sich von den Wählerinnen und Wählern einen neuen Regierungsauftrag zu holen.

Politiker, Parteiführung und Mitglieder haben also ein großes Interesse daran, dass die Partei ein gutes Image hat. Kaum sinken die Umfragewerte und steigen die kritischen Kommentare in der Öffentlichkeit, heißt es unisono: „Wir haben unsere Arbeit schlecht verkauft!" „Wir müssen unsere Leistungen besser verkaufen!" Während der Regierungszeit der CDU wurden diese Sätze von der Basis bis hin zur politischen Führung in der CDU so oft gesagt, dass man meinen könnte, sie gehörten zu den festen programmatischen Aussagen der CDU.

Gerade diejenigen Mitglieder der Parteiführung, die sich am lautesten beklagten, waren in der Regel aber diejenigen, die immer wieder alles getan haben, um eine bessere Öffentlichkeitsarbeit zu verhindern, sei es, weil sie eine kontinuierliche Öffentlichkeitsarbeit nicht für nötig hielten – und dann erkennen mußten, dass Krisen-PR allein nicht greift – oder weil sie einfach glaubten, diese Kosten können man sparen.

Wie ist dieser Widerspruch zu erklären? In deutschen Parteien gilt grundsätzlich: das wertvolle Engagement ist das ehrenamtliche – und damit in der Regel auch das Amateurhafte. Sowie Professionelle auftauchen, wird das „reine Engagement" vom Kommerz befleckt – und außerdem kosten Profis nun einmal Geld, in der Öffentlichkeitsarbeit viel Geld, und das will man lieber sparen. PR und Werbung hatten und haben – nicht nur – in der CDU einen schweren Stand.

Dabei sind sich alle Experten, Wissenschaftler und Lehrbuchautoren einig: Politiker sehen sich heute in einer Massengesellschaft den gleichen Problemen gegenüber, wie die Produzenten von Konsumgütern im beginnenden Zeitalter der industriellen Massenproduktion. Wenn sich die produzierten Güter durch Form und Inhalt fast nicht mehr unterscheiden, sind Werbung und Public Relations wichtig: Sie geben dem jeweiligen Produkt die Unterscheidung, die die Kaufentscheidung des Kunden bewirken soll und auch bewirkt. In der Politik gibt es zwar nach wie vor Unterschiede zwischen den Personen und Programmen, die zur Wahl stehen, aber das Problem, diese Botschaften in einer Massengesellschaft an die Wählerin oder den Wähler zu bringen, entspricht dem Problem der Information über industriell gefertigte Güter. Und da kaum noch ein Politiker mit jeder Wählerin und jedem Wähler ein persönliches Gespräch führen kann, müssen Formen der gezielten Ansprache bestimmter Gruppen (Zielgruppenkommunikation) ebenso angewendet werden wie Massenkommunikation, d.h. der Einsatz einer Botschaft für die gesamte Wählerschaft.

Dabei ist Werbung nicht gleich Public Relations. Während Werbung im Allgemeinen verstanden wird als kurzfristige Gewinnmaximierung durch einseitige Beeinflussung, bedeutet Public Relations einen kontinuierlichen Prozeß der Vertrauensbildung, der nur funktioniert, wenn er auf Dialog aufgebaut ist. Die politische Arbeit braucht beides: den ständigen Dialog der Politikerinnen und Politiker mit Wählerinnen und Wählern und Kampagnen der Wahlwerbung, wenn es im Wahlkampf darum geht, Stimmen zu maximieren. Und für diese Aufgabe braucht man nun einmal professionelles Personal.

Dass Unternehmer immer zuerst an PR und Werbung sparen, wenn es der Firma schlecht geht, ist eine Tatsache, die den zukünftigen Umsatz nicht gerade steigert. Es scheint zu schwer zu sein, Öffentlichkeitsarbeit als Investition in die Zukunft zu verstehen. Doch noch schlimmer – und konsequenzreicher – ist es in der Politik. Denn ebenso wenig wie Otto Normalverbraucher zwischen Werbung und Public Relations unterscheidet, tun das Parteimitglieder und – was schwerer wiegt – Entscheidungsträger in der Partei. Sie haben aus mehreren Gründen eine grundsätzliche Abneigung gegen beides.

Neben die Abneigung aus Kostengründen tritt noch die Abneigung aus moralischer Überzeugung. Politik, die dem hohen moralischen Anspruch genügen muß, „Gutes für die Menschen zu tun" steht über dem schnöden Versuch, sie zu „verkaufen". Politik, das Gute, Ehrliche, moralisch Hochstehende einerseits, Werbung und Public Relations das Manipulative, Hinterhältige und nicht zuletzt Teuere andererseits. „Politik darf man nicht verkaufen wie ein Waschmittel, es handelt sich dabei um ein wertvolles Gut, das nicht auf moralisch billige und finanziell teuere Weise an den Mann oder an die Frau gebracht werden darf." So das gängige politische Vorurteil. In diesem Vorurteil sind sich nicht nur Parteimitglieder an der Basis einig, auch professionelle Parteiarbeiter möchten am liebsten für „dumme Sprüche und bunte Bilder" überhaupt kein Geld ausgeben. Wenn dann auch noch der Vorsitzende selber eine ausgesprochene Abneigung gegen Öffentlichkeitsarbeit hat, die er völlig falsch einschätzt, kann man sich vorstellen, wie schwer es die Öffentlichkeitsarbeiterinnen und -arbeiter in der CDU-Bundesgeschäftsstelle hatten. Denn zum Thema Public Relations ist folgender von Helmut Kohl geäußerte Satz unvergessen:

„Gorbatschow ist ein moderner kommunistischer Führer, der sich auf Public Relations versteht. Goebbels, einer von jenen, die für die Verbrechen der Hitler-Ära verantwortlich waren, war auch ein Experte von Public Relations."[19]

Es war wirklich nicht einfach, Öffentlichkeitsarbeit für einen Chef zu machen, der Public Relations mit Goebbels gleichsetzt.

In den späten siebziger Jahren hatte die CDU das große Glück, mit Peter Radunski einen erfahrenen Öffentlichkeitsarbeiter und Wahlkampfmanager zu haben, der es der Hauptabteilung Öffentlichkeitsarbeit durch seinen direkten Zugang zu Heiner Geissler und ein gutes Verhältnis zu den Leitern der Hauptabteilung Politik sowie Personal und Verwaltung – dem Hüter der Finanzen – ermöglichte, weitestgehend unangefochten das zu tun, wozu sie da war: eine breite Öffentlichkeit über die Politik der CDU zu informieren. Als Bundesgeschäftsführer in der Zeit von 1981 bis 1991 war er dann der beste Verbündete, den die Hauptabteilung Öffentlichkeitsarbeit haben konnte.

Der große Durchbruch zu moderner Öffentlichkeitsarbeit auf der Höhe der technischen und kommunikativen Möglichkeiten kam 1985 mit der Besetzung der Stelle des Leiters der Hauptabteilung Öffentlichkeitsarbeit durch den Vollblutjournalisten Walter Brückmann. Er erfand die „redaktionelle Öffentlichkeitsarbeit" und den „redaktionellen" Wahlkampf.

---

[19] Patricia Clough, a. a. o., S.115.

Von der Seite der Öffentlichkeitsarbeit her gesehen ein geniales Konzept, von der Seite traditioneller Parteiarbeit her betrachtet eine Zumutung. Der endlose Konflikt war vorprogrammiert, denn die redaktionelle Öffentlichkeitsarbeit wurde durch zwei Grundsätze journalistischer Arbeit bestimmt: Schnelligkeit und Aktualität. Die Gralshüter der politischen Wahrhaftigkeit riefen halt, nicht so schnell, denn sie mußten erst prüfen, ob in den journalistisch flott geschriebenen Texten auch politisch alles korrekt war. Bei der generellen Übung, politische Alltagstexte so zu formulieren, dass sie auch einer Auseinandersetzung vor dem Bundesverfassungsgericht standhalten, führte das erstens dazu, dass die Überprüfung immer viel zu lange dauerte und zweitens wurden die Texte oft so verschlimmbessert, dass in zeitungsmäßiger Aufmachung leeres Parteistroh gedroschen wurde. Die Wächter über die politische Aufrichtigkeit legten zudem ein zweites Veto ein: bunte Bilder auf dem Titel einer Parteiinformation – das war zirkusmäßig und der Seriosität der CDU nicht angemessen. Was kümmerte es sie, dass die CDU-Publikation in einem Meer bunter Zeitungen und Zeitschriften zu bestehen hatte.

Wahlkämpfe: auf dem Weg nach unten – bis zum bitteren Ende

Jedem, der ihn kritisierte, dass 16 Jahre als Kanzler zu viel seien, hielt Helmut Kohl mürrisch vor, dass er ja schließlich immerhin alle Bundestagswahlen gewonnen habe. Wie so vieles bei Helmut Kohl war diese Aussage zwar richtig, aber sie verschleiert eine wesentliche Tatsache: Die CDU und mit ihr der Kanzler haben zwar alle Wahlen seit 1983 „gewonnen", aber sie haben gleichzeitig von Wahl zu Wahl Stimmen verloren:

- Waren es 1983 sensationelle 48,8 Prozent,
- so gaben bereits 1987 nur noch 44,3 Prozent der Wählerin

nen und Wähler ihre Stimme der CDU – ein Wahlergebnis, das vom ehemaligen Leiter der Planungsgruppe, Warn
fried Dettling, als Katastrophe bezeichnet wurde.
- Trotz Wiedervereinigung gab es 1990 noch weniger Stimmen für die CDU, nämlich nur 43,8 Prozent und
- 1994 waren es schließlich nur noch 41,4 Prozent.
Zusammen genommen mit der FPD (6,9%) waren es
48,3% gegenüber 48,1% für die vereinigte Linke (SPD 36,4;
Grüne 7,3; PDS 4,4%) – eine rechnerische Mehrheit von
0,2 Prozent, kein Grund stolz zu sein und keine sichere
Mehrheit im Parlament, wenn es nicht die Eigentümlich-
keit des deutschen Wahlsystems mit seinen Überhangman
daten gegeben hätte. So konnte die CDU doch noch mit
einer Mehrheit von 10 Stimmen in die Legislaturperiode
gehen, zu viel, um ein vorzeitiges Auseinanderbrechen
der Regierung befürchten zu lassen, zu wenig, um eine ver
nünftige Politik durchsetzen zu können.
- 1998 war es dann zu Ende.

* * *

Was oder wer wirklich ausschlaggebend für diese Wahlergebnisse ist, weiß niemand mit endgültiger Sicherheit: Ist
es der Kandidat, das Programm, die Stimmung im Land oder
der Wahlkampf? Eines der beeindruckendsten Beispiele, wie
auch ein hervorragender Wahlkampf einen Absturz um 8%
Prozentpunkte nicht verhindern kann, war der Europawahl-
kampf 1989, hier fiel die CDU/CSU von 45,9 Prozent 1984
auf 37,8 Prozent 1989. Im Januar 1987 kam ein Wahlkampf
zu seinem Ende, der sicher zu den besten der CDU gehörte
und trotzdem kein überwältigendes Ergebnis brachte. Und
der Bundestagswahlkampf 1994, der bis dahin schlechteste
und unprofessionellste schaffte es immerhin noch, dass die
Koalition mit 0,2 Prozent Vorsprung durchs Ziel ging.
    Das merkwürdige Tabu, dass in Deutschland Werbung
und Public Relations umgibt, bestimmt auch die wissen-

schaftliche und publizistische Beschäftigung mit dem Thema
Wahlkampf. Peter Radunskis Standardwerk „Wahlkämpfe" ist
auch nach Jahrzehnten noch das einzige, ernstzunehmende
Buch zu diesem Thema.

∗ ∗ ∗

Kurt Biedenkopf hatte zu seinem Amtsantritt eine ganz
klare Strategie vor Augen: Er hatte gemeinsame Grundwerte der deutschen Parteien thematisiert und sie dann CDU-
spezifisch interpretiert. Die CDU ist in ihren Wahlkämpfen
immer einen anderen Weg gegangen. Sie hat immer gespal-
ten und polarisiert, was sich besonders an ihren Wahlslogans
zeigen lässt: Nach einem netten Einleitungssatz wie z.B. „Aus
Liebe zu Deutschland" 1976 folgte der Hammer „Freiheit statt
Sozialismus", auf die Einleitung „Weiter so Deutschland" folgte 1987 „Zukunft statt Rot/Grün" und nach der Feststellung
„Wir sind ein Volk" kam 1994 die „Rote Socken Kampagne"
– in einem Plakat zusammengefügt mit dem Slogan „Auf in
die Zukunft ... aber nicht auf roten Socken".
Das Muster, nach dem die CDU unter Helmut Kohl 16
Jahre lang ihre Wahlkämpfe plante, war verblüffend einfach
und immer gleich: Etwa anderthalb Jahre vor der Wahl wurden die ersten Überlegungen angestellt. Ja, auch für den nächsten Wahlkampf könnte man 40 Millionen DM bereitstellen.
40 Prozent davon wurde für die so genannten Großflächen
angesetzt, die Plakatwände auf denen die Bevölkerung auf
den Wahltermin hingewiesen und mit den Slogans der Partei überzeugt werden soll. Diese frühe Terminierung ergibt
sich aus der Tatsache, dass diese Plakatwände auch von der
Wirtschaft gebucht werden und deshalb frühzeitig Reservie-
rungen erfolgen müssen. Über den Rest des Geldes wird nach
dem Motto entschieden, was haben wir denn das letzte Mal
gemacht, sollten wir es nicht wieder so machen? Jedem professionellen PR- und Werbefachmann müssten eigentlich die
Haare zu Berge stehen, aber die Zeiten, in denen ein Bundes-

geschäftsführer Peter Radunski oder ein Hauptabteilungsleiter Walter Brückmann wenigstens versuchten, internationa-
les Wahlkampf Knowhow – das z.B. Martin Vogtherr durch
Besuche bei Thatcher-, Mayor- und Clintonberatern erwarb
– in die Partei zu bringen sind unwiderruflich vorbei.

* * *

1976 war der erste Wahlkampf des neuen Teams aus der
Opposition heraus. Mit wenigen Ausrutschern, wie z.B. das
Plakat mit einem auf Peter Pasetti gestylten Helmut Kohl,
entsprachen Motive und Slogan der Stimmung im Lande und
der Sieg schien zum Greifen nah. Bis kurz vor der Wahl das
Büro von Kurt Biedenkopf eine Anti-Gewerkschaftskampa-
gne im Ruhrgebiet, gegen den „Filz" lostrat, die die SPD-An-
hänger so erfolgreich mobilisierte, dass die CDU die absoluten Mehrheit knapp verfehlte. Die Umstände und Folgen
dieser Kampagne haben auf die CDU-Wahlstrategen einen
so nachhaltigen Eindruck hinterlassen, dass z.B. Peter Hintze
1994 am liebsten überhaupt keinen Wahlkampf führen wollte, um keine politischen Gegner zu wecken. Alle Entscheider
im Adenauer-Haus rühren sich im Wahlkampf in den letzten
drei Wochen nicht mehr von Fleck, in der Angst, sie könnten
wieder etwas falsch machen.

* * *

Der Wahlkampf von Franz Josef Strauß 1980 war von Anfang an hoffnungslos. Die Mannschaft im Konrad Adenauer
Haus arbeitete hart und dachte gar nicht daran, den Wahlkampf zu boykottieren, wie es aus Bayern immer wieder unterstellt wurde. Doch die endlosen Abstimmungen mit der
Wahlkampfleitung in der CSU in München verhinderten eine
wirklich effiziente Kampagne, von der Reaktion der Deutschen auf FJS ganz zu schweigen.

* * *

Aus dem Stand wurde 1983 ein nur wenige Wochen dauernder Wahlkampf geführt. Mit dem Slogan „Nie wieder Arbeitslosigkeit, Pleiten, Schulden" wurde den Menschen, die die alte Koalition einfach satt hatten, die Hoffnung auf eine gute Zukunft vermittelt. Und die Rechnung ging auf.

* * *

Was Mitgliedermotivation und Aktivität anging, war der Wahlkampf von 1987 der absolute Höhepunkt: Aus rund 10.000 Ortsverbänden wurde je rund 9 freiwillige Zeitungsverteiler rekrutiert und diese über 90.000 Helfer schwärmten an den drei letzten Wahlwochenenden aus, um über 15 Millionen Exemplare der Sonntagszeitung der CDU zu verteilen. Nach dem Modell der SPD-Zeitung ZAS konzipiert, aber mit viel weniger Mitteln ausgestattet, war diese Zeitung von Anfang an den Nörgeleien der Amts- und Mandatsträger ausgesetzt. Nicht aktuell genug, zu wenig Sport – ein beinahe endloses Klagelied. Die Zeitung war so konzipiert, dass sie mit Rezepten, Lifestyleberichten und Wettbewerben für die ganze Familie interessant war und durch das ausführliche Wochenfernsehprogramm auch während der Woche noch auf dem Wohnzimmertisch liegen konnte. Nur die ersten vier Seiten hatten überhaupt einen politischen Inhalt. Doch auch diese Methode, die Vergänglichkeit einer aktuellen Zeitung durch den so genannten „Zweitnutzen" aufzuheben, kam bei der Basis nicht an: die Vermischung von Politik und Unterhaltung war für viele hundertundfünfzig Prozentige und Hardliner ein Sakrileg.

In der Zahl der zurückgesendeten Coupons, die in die Zig-Tausende ging, lag für die Macher der Zeitung die Bestätigung, dass ihr Konzept richtig war. Die Arbeit an der Erfassung dieser Anschriften (fast alle Einsender hatten ihre Genehmigung dazu gegeben), um sie für spätere Briefaktionen zu nutzen, wurde jedoch nach einiger Zeit von den Haushältern gestoppt: die dabei entstehenden Kosten für Schreibkräfte seien nicht zu rechtfertigen. So war es nicht überraschend als im nächsten Wahlkampf die Entscheidung getroffen wurde, weniger Ausgaben in einer viel geringeren Auflage einzusetzen. Die Adressdatei, die die beste Grundlage für zukünftige direct-mail Aktionen – persönliche Briefe – an Wählerinnen und Wähler geboten hätte, wurde niemals genutzt.

* * *

Der Wahlkampf 1990 war bestimmt von den großen Schwierigkeiten der politischen Verständigung in beiden Teilen Deutschlands. Eine doppelte Wahlkampfführung durfte nicht zugegeben werden, sie war aber einfach nicht zu vermeiden. Ein zweites Hindernis war die allgemeine Politikmüdigkeit, die selbst im Jahr der Wiedervereinigung ihr Opfer forderte: Eine Aussendung von rund 10.000 Handbüchern für eine Kampagne mit dem Titel „Wir sprechen über Deutschland", in der Themenvorschläge, Veranstaltungsmodelle und Tipps bis hin zu Flugblattvorlagen geliefert wurden, hatte eine Rücklauf von wenigen Hundert Coupons, mit denen das dazu gehörige Verteilmaterial bestellt werden sollte.

* * *

Der Wahlkampf 1994 begann als Alptraum und er endete als Beinahekatastrophe: Ein Generalsekretär, der noch nie einen Wahlkampf geleitet hatte, ein junger unerfahrener Bundesgeschäftsführer, dem die Bundesgeschäftsstelle noch nicht vertraut war, der wenig Menschenkenntnis und kaum politisches Gespür hatte, eine Hauptabteilung Öffentlichkeitsarbeit ohne Hauptabteilungsleiter, zwei Agenturen, die sich spinnefeind waren, und Umfragen, die die CDU bei 30 Prozent zeigten.

„In dem Wahlkampf, der mit Blick auf Kohl eher die Züge einer Produktwerbung als einer Auseinandersetzung mit dem politischen Gegner trug, schaffte es der Kanzler, die Sozialde-

mokraten im Lauf des Sommers in den Umfragen zu über-
holen und sich im Herbst an die Spitze der Beliebtheitsskala
zu setzen. Die Demoskopen machten dabei fünf Fixpunkte
aus. Die optimistische Wirkung des Hamburger CDU-Par-
teitags, die Geschlossenheit der CDU/CSU bei der Wahl des
Bundespräsidenten, die Kampagne der Union gegen die „Roten Socken" nach der Wahl in Sachsen-Anhalt, die leichten
Stimmengewinne der CDU/CSU bei der Europawahl und das
wachsende Zutrauen der Wähler in die Wirtschaftskompe-
tenz der Union."[20]

Mit einer sentimentalen Rede auf dem Hamburger Parteitag war es Helmut Kohl gelungen, noch einmal die Reihen
der Partei zu schließen. Sicher haben die Geschlossenheit
der CDU, der Wirtschaftsaufschwung, der der Regierung zugeschrieben wurde und der überraschend positive Ausgang
der Europawahl Rückenwind für Helmut Kohl gebracht. Die
zentrale und hinterhältigste Komponente des Wahlsieges
war jedoch die „Rote Socken" Kampagne. In der Öffentlichkeit beklagte Generalsekretär Peter Hintze die PDS als die
schlimmste Gefahr für Deutschland, gleichzeitig instrumen-
talisierte er sie jedoch schamlos zur Wahlkampfhilfe für die
CDU: Laut Wahlgesetz kann in Deutschland eine Partei in
den Bundestag auch einziehen, wenn sie die Fünf-Prozent
Hürde nicht überspringt. Sie muß dafür in drei Wahlkreisen
direkt gewählt werden. Als in der Bundesgeschäftsstelle bekannt wurde, wo die PDS den Durchbruch versuchen würde, war es für die Öffentlichkeitsarbeiter klar, dass dort ein
Schwerpunkt des Wahlkampfes der CDU sein müßte. Doch
weil leider „die Mittel" fehlten, konnte dort kein verstärkter
Wahlkampfeinsatz stattfinden. Es mußte deshalb auf andere
Art versucht werden, die PDS zum Wahlkämpfer für Helmut
Kohl zu instrumentalisieren. Eine PDS im Bundestag ginge
zu Lasten der linken Stimmen und so könnte es möglich werden, eine Linkskoalition zu verhindern. Also galt es, da die

---

[20] Klaus Dreher, a. a. o., S. 611.

Wahl sowieso im Westen gewonnen werden mußte, mit einer perfiden Doppelstrategie alles zu tun, um mit dem Schreckgespenst PDS und „Rote Socken" im Westen so viele Menschen zu mobilisieren, dass sie CDU wählten und im Osten durch die Attacken auf die PDS so viele Menschen dazu zu treiben, PDS zu wählen, damit diese so stark wie möglich würde. Die Rechnung ging auf, leider wurde Peter Hintze dafür nie in der Öffentlichkeit zur Verantwortung gezogen.

* * *

Nach jeder Wahl kommt die Bewertung des Wahlkampfes, der Wahlkampfbericht. Doch auch Analyse und Bewertung eines Wahlkampfes haben nichts mit Sachlichkeit und rationaler Auseinandersetzung zu tun. Der Wahlkampf wurde ja nicht nur von Menschen gemacht, die alle persönlich empfindlich sind. Diese Menschen sitzen auch in der Parteihierarchie an empfindlichen Stellen, also wird niemand es wagen, durch eine offene Kritik in einem Wahlkampfbericht, sich mit irgendeinem dieser bedeutenden Herren (Damen gab es in der Regel in diesen Kreisen nicht) zu verärgern. Das Ergebnis ist eine mehrfach umgeschriebene Analyse, die ihren Namen nicht mehr verdient. Sie wird dann irgendwann einmal abgenickt und ad acta gelegt. Bis zum nächsten Wahlkampf sind es wieder vier Jahre und wer dann Wahlkampf macht, ist sowieso nicht gewiss, und deshalb fängt in vier Jahren alles wieder von vorne an...

CDU – Volkspartei ohne Volk

Das Wort Stämme lässt viele Menschen an vormoderne Gesellschaften denken, Assoziationen an Afrika oder Arabien kommen auf. Doch auch moderne Massengesellschaften haben ihre Stämme: Vereine und Gesellschaften und nicht zuletzt Parteien. Es gibt vielfältige Modelle von lockeren Wahlkampfbündnissen bis hin zu straff organisierten Kaderparteien. In Deutschland haben die Parteien durch ihre Erwähnung im Grundgesetz eine besondere Bedeutung, deren sie sich durchaus bewußt sind und aus der sie spezielle Privilegien ableiten. In Grundgesetz heißt es nämlich: Die Parteien tragen zur Willensbildung des Volkes bei.

Die CDU bezeichnet sich selber als Volkspartei. Über diesen Typus einer politischen Partei gibt es sehr klare theoretische Vorstellungen. Es lohnt sich deshalb nach den Komponenten dieses Modells zu fragen und danach, ob es heute tatsächlich noch mit der Wirklichkeit übereinstimmt.

Als Volkspartei nimmt die CDU für sich in Anspruch, dass alle Gruppen und Schichten der Bevölkerung, alle Altersgruppen in ihr vertreten sind und dass Männer und Frauen zumindest ihrem Bevölkerungsanteil entsprechend angemessen repräsentiert sind. Keine von diesen Forderungen stimmte noch in den letzten Jahren vor 1989, nach der Wiedervereinigung stimmten sie erst recht nicht mehr. Die Jugend fehlte fast völlig, das Durchschnittsalter lag extrem hoch, beruflich hat die CDU wie andere Parteien auch ein heftige Schlagseite in Richtung Lehrer und Bürokratie und weder Heiner Geißlers Frauenparteitag noch eine nach langem Ringen eingeführte Quotenregelung haben die Unterrepräsentanz der Frauen in der CDU aufheben können.

Auch noch in einer anderen Hinsicht hat die CDU große Defizite. Als Partei mit Orts-, Kreis-, Landesverbänden und einem Bundesverband war die CDU immer stolz auf ihre Verankerung vor Ort. Die Teilnahme ihrer Mitglieder am

Vereinsleben und die Teilnahme von Vereinsmitgliedern in der CDU waren einmal Ausdruck ihrer Volksverbundenheit. Auch diese Modellvorstellung funktionierte Ende der 80er Jahre nicht mehr: Die CDU hatte den Kontakt zu den Vereinen und Verbänden verloren. Der beste Ausdruck dafür ist die allgegenwärtige Forderung nach Dialog. Wer sich heute zu der Notwendigkeit bekennt, den Dialog zu suchen, dem ist breiter öffentlicher Applaus sicher. Dabei ist die so positiv bewertete Forderung nach Dialog nichts anderes als das Eingeständnis der negativen Tatsache, dass sich alle gründlich auseinander gelebt haben: Eltern und Kinder, Parteien und Bürger, Kirchen und Gläubige sowie Gewerkschaften und Arbeitnehmerinnen und Arbeitnehmer. Dass sich daran wirklich etwas ändern wird, ist fraglich, denn meistens bleibt es bei der Suche nach dem Dialog und wenige denken ernsthaft daran, ihn auch tatsächlich zu führen.

* * *

Für Helmut Kohl war die Partei Heimat, eine Gruppe von Gleichgesinnten, denen es Spaß macht, zusammen ein Bier zu trinken und gemeinsam Plakate zu kleben. Nur das Problem ist: Man trinkt heute nicht mehr im Dorfkrug am Stammtisch und die Parteijugend klebt keine Plakate mehr – es sei denn, es gibt einen angemessenen Stundenlohn dafür.

Denn das Freizeitverhalten der Menschen hat sich gründlich verändert. Viele wollen sich immer noch engagieren – das starke Leben der Bürgerinitiativen spricht eine deutliche Sprache. Die Bürgerinnen und Bürger wollen aber auch Spaß dabei haben. Nicht nur die CDU leidet an dieser Entwicklung, alle großen Organisationen haben diese Probleme. Nur, im Freizeitbereich wird mit neuen Modelle gearbeitet – bis hin zu den Animateuren eines Club Mediterranée – und in der CDU rümpft man nur die Nase, fordert zwar neue Formen der Parteiarbeit, aber hat nicht den Mut etwas wirklich Neues durchzusetzen – selbst wenn es nur um den Namen einer Arbeitsgemeinschaft geht: So mußten z.B. die Einladungsflug-blätter zum CCC, dem CDU Computer Club wieder eingestampft werden, weil der damalige Bundesgeschäftsführer in letzter Minute vor diesem Namen Angst bekam, denn das C steht in der CDU für das Wort Christlich...

In der Beharrung der CDU auf alten Modellen lag auch die besondere Problematik dieser Partei in den neuen Bundesländern. Parteiarbeit im Stil der CDU war den Menschen fremd und Strukturen auf denen sie aufbauen konnte gab es so gut wie gar nicht. Viele Mitgliederkarteien im Osten bestanden aus den Namen Verstorbener, die von Funktionären, um das vorgegebene Mitgliedersoll zu erfüllen, von Grabsteinen abgeschrieben worden waren.

So wurde der Kanzler der einzige Hoffnungsträger und zum Sinnbild für die Partei. Diese Beschränkung hatte katastrophale Folgen, denn nach der großen Enttäuschung wandten sich die Menschen nicht nur von ihm, sondern auch von der CDU ab.

In der Endphase unter Helmut Kohl kannte die CDU nur noch nur zwei Aggregatzustände: drinnen oder draußen. Entweder man gehört dazu oder man ist der Feind. Solange man nicht offen gegen Helmut Kohl war und die Meinung bestand, man sei nützlich, wurde man geduldet.

Wenn man nicht in Ehren ergraut und auf dem Alterswege durch Pensionierung die Bundesgeschäftsstelle verlassen hat, kommt man nicht in den Genuss einer Einladung zur großen Weihnachtsfeier. Ein Netzwerk von „old boys" – in England und den USA eine Selbstverständlichkeit – gibt es nicht. Helmut Kohl sorgt zwar dafür, wie es der Autor Dreher anschaulich beschreibt, dass es seinen Leuten nicht schlecht geht, doch diese Versorgungspraxis führt nicht zu einem Netzwerk, das auch der CDU in Zukunft dienen kann. Wer ausscheidet, ist draußen und auf die Idee, zu Menschen, die von der CDU in Ministerien oder die Industrie gewechselt haben, Kontakt zu halten, kommt niemand.

DIE NEUNZIGER JAHRE:
DEUTSCHLAND AM ANFANG – DIE CDU AM ENDE

1989: Welt im Umbruch

1989 befand sich die Welt im Umbruch und Martin Vogtherr traf eine Entscheidung, die sein Leben grundsätzlich verändern sollte. Im Frühjahr brachte Ayatollah Khomeini durch den Aufruf zum Mord an Salman Rushdie den Islam auf der ganzen Erde in Verruf. Bei den Europawahlen machte die CDU erdrutschartige Verluste im Vergleich zur vorangegangenen Wahl. Im Herbst ersetzte Helmut Kohl Heiner Geißler als Generalsekretär durch Volker Rühe. Und am 9. November fiel die Mauer. Im Jahr dieser Umwälzungen das Bekenntnis zum Islam abzulegen, hatte für Martin Vogtherr Konsequenzen, die er sich nicht im Traum hätte vorstellen können.

* * *

Im Frühjahr 1989 gab es auf der Bundesebene für die CDU den ersten großen Einbruch bei einem Wahlergebnis. Bei der Europawahl verlor die CDU erdrutschartig und kam von 37,5% (1984) auf nur noch 29,5%. Der einzige vordergründige Trost, wie immer bei der CDU: die anderen waren noch schlechter.

Die Auseinandersetzung um diese Niederlage war der letzte Versuch, noch einmal etwas gedanklich und analytisch aufzuarbeiten. Und in der Folge kam auch Heiner Geißlers letzter Versuch, die CDU zu öffnen und ihr eine Perspektive für die Zukunft zu geben. Doch die theoretische Auseinandersetzung wurde mit der falschen Frage geführt. Man begab sich auf die Suche, in welcher Ecke der Gesellschaft noch Wählerpotentiale zu finden seien – in der Mitte oder am rechten Rand. Die Lagertheorie wurde geboren. Es wurde nicht gefragt, welches die Probleme der Zukunft sind, welche Lösungsstrategien brauchen wir, um zu überleben und dann auf dieser Grundlage Überzeugungsarbeit für eine neue Mehrheit zu leisten. Heiner Geißlers Faszination mit der multikulturellen Gesellschaft brachte ihm – angeführt von der FAZ – den Zorn der Konservativen und Deutschtümelnden ein. Und im Herbst 1989 schlug ihn Helmut Kohl nicht mehr für das Amt des Generalsekretärs vor.

Was damals noch niemand wahrnehmen konnte, war die Tatsache, dass durch dieses Ergebnis das erste Signal gesetzt wurde, dass das deutsche Parteiensystem auf dem Weg war, sich grundlegend zu ändern: absolute Mehrheiten einer Partei rückten in unerreichbare Ferne. Selbst „einfache" Koalitionen zwischen einer großen und einer kleinen Partei würden in Zukunft keine regierungsfähige Mehrheit mehr zustande bringen.

Der enorme Stimmenverlust bedeutete zugleich auch einen enormen Verlust von Geld für die CDU in Form der Wahlkampfkostenerstattung. Mit Schulden von insgesamt über 70 Millionen Mark mußte ab Ende 1989 ein harter Sparkurs gefahren werden.

Zusätzlich zum überschuldeten Apparat gab es mit Volker Rühe einen Generalsekretär ohne Erfahrung und dazu noch einen Leiter der Hauptabteilung Personal und Verwaltung, dem jede Mark für Öffentlichkeitsarbeit zu viel war und der seine massive Einflussnahme auf Gestaltung und Inhalt aller Veröffentlichungen mit dem vorrangigen Sparzwang begründete.

Auch die allgemeine Politikmüdigkeit in Deutschland war an der CDU nicht spurlos vorbeigegangen. Waren im Wahlkampf 1987 noch rund 90.000 aktive Wahlkämpfer registriert, die 15 Millionen Exemplare von Wahlkampfzeitungen verteilten, so nahm diese Zahl danach rapide ab, wie bei Bestellungen von Verteilmaterial festgestellt werden konnte.

In der größten friedlichen Umwälzung in der Geschichte war die CDU in der schlechtesten Verfassung, die man sich vorstellen konnte. Die CDU war organisatorisch und finanziell am Ende, als Deutschland am Anfang war.

Vor die Entscheidung gestellt, Hergebrachtes wieder zu tun oder einen neuen Weg zu gehen, liegt die Tendenz der CDU immer darin, das „Bewährte" weiter zu treiben. Auch wenn sie in Slogans als rhetorische Verbeugung gegenüber Menschen, die eine Veränderung wollen, z. B. formuliert „grundsatztreu und zukunftsoffen", ist sie im Zweifel immer eher grundsatztreu als zukunftsoffen.

Diese Grundhaltung wirkte sich angesichts der Umwälzungen, die der Zusammenbruch der DDR und die Zusammenfügung der beiden Teile Deutschlands mit sich brachten, verheerend aus. Nach dem Motto „Nur keine Veränderungen" wurden die Chancen zu einem gemeinsamen Start in die Zukunft vertan: Die DDR wurde zum Beitrittsgebiet erklärt und in aller Stille wurde an ein paar Änderungen des Grundgesetzes gebastelt, damit es eine Verfassung für ganz Deutschland sein könnte. Von einer breiten Beteiligung des Volkes keine Rede – es hätten sich ja „linke" Positionen artikulieren und durchsetzen können. Daß es keine Besinnung auf die gemeinsame – für vierzig Jahre getrennte – Vergangenheit gab, rächte sich spätestens bei den ersten ausländerfeindlichen Ausschreitungen. Später wurde angesichts neonazistischer Wahlkampferfolge deutlich, dass es eine klärende Debatte was deutsch ist weder im Westen noch im Osten gegeben hat.

Durch den Fall der Mauer im Herbst 1989 wurden die Deutschen aus zwei – wenn auch nicht perfekten – Teilidentitäten vertrieben und auf einen Weg gestoßen, den sie auch zwanzig Jahre später immer noch nicht abgeschlossen haben. Sie sind nach wie vor auf der Suche nach einer Identität, die sie in die Zukunft trägt und zudem suchen sie ihr Heil in immer neuen Analysen der Ereignisse des 20. Jahrhunderts statt im zusammenwachsenden Europa weiter zurückzuschauen und in einem größeren Zusammenhang zu denken.

* * *

Wenn auch 1989 einerseits ein besonders schlechtes Jahr war, den Glauben zu wechseln, und Martin Vogtherr sich andererseits durchaus bewußt war, dass seine Entscheidung sein Leben grundlegend ändern würde, war er auf das, was folgte nicht gefasst: Er war so naiv anzunehmen, dass die In-anspruchnahme des Verfassungsrechts, seine Religion selbst zu bestimmen und zu praktizieren etwas Selbstverständliches sei, das nur den Entscheider etwas angeht. Ganz im Gegenteil, er erlebte, dass seine private Entscheidung durch anonyme Briefe an die Presse öffentlich gemacht wurde – verbunden mit der Frage, ob die CDU überhaupt Muslime in ihren Reihen dulden könne.

Er mußte schmerzhaft lernen, dass die Freiheit, die er in seinem politischen Leben so energisch gegen die Feinde der Freiheit verteidigt hatte, durchaus nicht so groß war, wie er es angenommen und wie er es in den USA erlebt hatte. Freiheit in Deutschland, das lernte er schnell, ist immer das – und nur das, was derjenige, der von ihr spricht darunter versteht. Ein wichtiger Grundsatz der Erwachsenenbildung heißt zwar „Überwältigungsverbot", aber auch das gibt es nur für diejenigen, die als Gegner der Freiheit gelten, nicht für ihre Verteidiger. Diese dürfen Freiheit in ihrem Sinne definieren und nur ihre Definition gelten lassen. „Freiheit statt Sozialismus" so lautete der Schlachtruf der Republik – und wie selbstverständlich schloß das mit ein: „Keine Freiheit für die Feinde der Freiheit." – wer auch immer dieses Etikett angehängt bekam.

Deutschland ist der einzigartige Fall eines Landes, dessen offizielles staatliches System zwar „wertneutral" ist, aber nicht wertfrei. Wie das zu verstehen ist, erlebte man in den fünfziger Jahren, als Kommunisten keine Lokführer werden durften und heute, da Musliminnen als Lehrerinnen keine Kopftücher in staatlichen Schulen tragen dürfen.

Fremd im eigenen Land

Wer als Deutscher in Deutschland aufwächst wird nicht darauf vorbereitet, was es heißt, eine Minderheit, ja fremd im eigenen Land zu sein. Dabei hätte Martin Vogtherr es wissen können, hätte er sich nur etwas mehr mit der emotionalen und gedanklichen Welt seiner Landsleute befasst.

Eines der schönsten amerikanischen Volkslieder – weltbekannt gemacht in der Fassung von Peter, Paul and Mary – beginnt mit den Worten: „This land is your land, this land is my land, from California to New York Island" und es endet mit der Zeile „This land belongs to you and me." In Deutschland wäre dieser Text kaum denkbar. Er könnte statt dessen besser lauten: „Dies Land ist Mein Land – es ist NICHT Dein Land, dies Land gehört nur mir allein!"

Den Deutschen sagt man nach, dass sie am Urlaubsort vor Sonnenaufgang durch das Auslegen ihrer Handtücher am Strand ihren Claim abstecken: „Dieser Platz gehört mir! Hier liege ich." Vielleicht wollen sie auf diese Weise unbefriedigte und verspätete koloniale Gelüste befriedigen, vielleicht wollen sie auch nur einfach unter sich bleiben und demonstrieren „mir san mir". Dieses Besitzdenken fällt auf, eine andere Erscheinung bleibt dafür eher verborgen, ist aber nicht weniger typisch: Die Kölsche Band „Bläck Föss" hat es perfekt auf den Nenner gebracht, dem Deutschen fehlt auf Mallorca nur noch der Blick auf den Dom.

Was geschieht, wenn ein Land, in dem Menschen mit dieser Mentalität leben, zum Einwanderungsland wird – aus Arbeitskräftemangel oder wegen einer drastisch zurückgehenden Geburtenrate, erleben wir seit Anfang der sechziger Jahre: „Gastarbeiter" werden ins Land geholt in der Annahme (die allerdings auch von ihnen selbst geteilt wurde), dass sie nach erfolgreichem Aufenthalt wieder zurückgehen würden. Nach einiger Zeit merkten die Deutschen, dass sie Arbeitskräfte wollten, dass aber Menschen gekommen waren und nun gingen die Probleme erst richtig los. Die konservativen

Parteien verkündeten eine Generation lang „Deutschland ist kein Einwanderungsland", die Linke befand „bunt sei gut", wirklich etwas für die Menschen tat niemand. Alle forderten Integration, konkrete Angebote, diese Forderung zu unterstützen oder umzusetzen blieben selten.

Es hat vierzig Jahre gedauert, bis im Jahr 2.000 ein neues Gesetz über den Erwerb der deutschen Staatsbürgerschaft verabschiedet wurde, das die Staatsbürgerschaft nicht mehr an die Tatsache koppelte, dass man deutsche Eltern hat, und es dauerte bis zum Jahr 2005 bis ein erstes umfassendes Gesetz zur Einwanderung (schamhaft „Zuwanderungsgesetz" genannt) verabschiedet wurde. Besser lässt sich die Feststellung von Kurt Biedenkopf, gesellschaftliche Erkenntnis habe eine Inkubationszeit von 20 Jahren, nicht belegen – nur dass es eher doppelt so lange dauert, bis sich Erkenntnis nicht nur herumgesprochen hat, sondern die neue Realität auch bearbeitet und verarbeitet wird.

* * *

Seit seinem Bekenntnis zum Islam lernte Martin Vogtherr auch, was es heißt, in Deutschland zu einer Minderheit zu gehören. Ein Erlebnis auf das er nicht vorbereitet war – und auf das man sich wohl auch nicht vorbereiten kann, besonders in einem Land, dessen Freiheitsbegriff eng statt offen, exklusiv statt inklusiv ist. Hier tauchten neue Konfliktlinien auf, die das Leben in Deutschland und im globalen Zusammenhang bestimmten.

Schließlich hatte er sich auch keine Vorstellung darüber gemacht, wie stark im Denken seiner Mitbürgerinnen und Mitbürger die Botschaften von 1400 Hundert Jahren christlicher Geschichtsschreibung über das Verhältnis von Christentum und Islam verankert waren.

Was heißt hier deutsch?

Viele Deutsche haben Probleme mit Migranten und sie haben Probleme mit Muslimen. Sie haben noch größere Probleme, wenn Migranten darüber hinaus einer anderen Religion angehören, z. B. Muslime sind. Fremdheit verdoppelt sich in diesem Fall. Was geschieht aber, wenn einer von ihnen – ein Deutscher – sich der anderen Religion zuwendet?

Nachdem die Öffentlichkeit durch anonyme Briefe über seinen Religionswechsel informiert worden war, machte er Erfahrungen, auf die er nicht gefasst war: Es gab in der Tat Mitmenschen, die den Religionswechsel ganz selbstverständlich akzeptierten. Aber es gab auch Kopfschütteln, Beschimpfungen und Drohungen. Waren die Beschimpfungen nicht angenehm, so waren die Bedrohungen wirklich beängstigend. „Warte nur, eines Tages stehen wir vor Deiner Tür und machen Dich fertig." War das schon deutlich genug, erschreckend war die Steigerung mit dem Hinweis: „Es ist ja bekannt, was mit Volksverrätern geschieht!" Der Hinweis mancher Gesprächspartner, er solle froh sein, daß er in Deutschland die Religion wechseln könne, was im Islam nicht möglich sei, trug auch nicht gerade zu seinem Wohlbefinden bei.

Hier nun stellt sich ernsthaft die Frage, was denn eigentlich Deutsch ist und ob es nicht sein kann, dass Deutsche auch Muslime sein können – oder Muslime auch Deutsche? Martin Vogtherr selber fragte sich, was deutsch sein für ihn bedeutete – oder ob es überhaupt etwas bedeutete.

Soweit Martin Vogtherr denken konnte, wurde in seiner Familie nie darüber gesprochen, dass sie Deutsch war. Man diskutierte nicht über deutsche Identität oder deutsche Interessen. Den deutschen Staat oder die deutsche Nation gab es nicht in den Betrachtungen der Familie. Dabei war sie zeitlich und geographisch gesehen, über die Jahrhunderte hinweg und was die regionale Verteilung ihrer Wurzeln anging, in der Tat „Gesamtdeutsch" in einem positiven Sinn: Seine Vorfahren hatten viele Wurzeln in dem gesamten Gebiet, das heute Deutschland umfasst, vielfach verwoben mit deutscher Geschichte. In der Region Hamburg / Hannover war es die Familie Timmermann, in Berlin die Lackmanns und die Hensels, im Rheinland die Familie Mertens. (Als einer der wenigen Katholiken in der Familiengeschichte nahm Franz Mertens eine Sonderrolle ein: Er wurde als Experte für napoleonisches Recht von Düsseldorf nach Berlin geholt, um dort das Rechtswesen auf den Stand der „modernen" Zeit zu bringen.) Mit anderen Worten: Die Mitglieder der Familie Vogtherr hatten sich nie nur auf eine Region beschränkt und nie den Provinzialismus zu einer besonderen Tugend erhoben. Und so wurde ihm bereits in seiner Jugend eine Offenheit für Vielfältigkeit in die Wiege gelegt, von der er ein Leben lang profitieren sollte.

Wenn sich überhaupt eine Kategorie finden ließe, mit der die Identität der Familie Vogtherr beschrieben werden konnte, war es die religiöse Identität des Protestantismus. Die Mitglieder der Familie Vogtherr waren von Grund auf Protestantisch. Die Freiheit und die Souveränität des Menschen wurden in der Familie nie theoretisch erörtert oder emotional diskutiert. Im gut protestantischen Sinne galt: der Mensch als souveränes Individuum denkt, entscheidet und handelt nach bestem Wissen und Gewissen und er muß sich für sein Handeln am Tag des Jüngsten Gerichts vor Gott verantworten. Auf dem Weg dahin hilft ihm keine Beichte. Kein Ablass macht es ihm leichter. Doch vor Gott kann er auf Erlösung hoffen, da Jesus Christus die Sünden der Menschen auf sich genommen hat.

Die Familie folgte damit konsequent durch die Jahrhunderte dem Vorbild ihres Urahn, der den entscheidenden Schritt vom katholischen Prediger zum protestantischen Stadtpfarrer getan hatte. Eine Kopie der Familienchronik wurde jedem Familienmitglied zur Konfirmation geschenkt, dort hieß es unter der Eintragung mit der Nummer 1025:

„Georg Vogtherr, Stiftsprediger in Feuchtwangen
Geb. 11. 3. 1487
Gest. 18. 1. 1539 in Feuchtwangen
Priester, ab 1517 Vicarius am Stift Feuchtwangen (Stiftsvikar)
1526 abgesetzt, weil Anhänger Luthers
ab 13. 3. 1528 Stiftsprediger in Feuchtwangen
1535 Stadtpfarrer und Super-Attendent in Feuchtwangen
Verh. vermutlich am 4. 12. 1528 in 2. Ehe mit Sibille Hofak-
ker"

Familiengeschichten: virtuelle Realität
und reale Wirklichkeit

Die Jugend Martin Vogtherrs war bestimmt von vielen er-
zählten Geschichten. Er weiß bis heute nicht, ob sie wahr sind
oder waren, oder ob damit nur versucht wurde, der Familie
ein bestimmtes Image von sich zu geben. Das Spiel von Dich-
tung und Wahrheit, der Wechsel von realer Wirklichkeit und
virtueller Realität begann für ihn schon in seinen ersten Le-
bensjahren – freilich, ohne dass er sich dessen bewußt wurde.
Aber weil die Geschichten ihm als Tatsachen aus dem Leben
seiner Familie erzählt wurden, sind sie Teil seiner Erziehung
geworden und haben ihn nachhaltig geprägt. Denn es waren
Geschichten, in denen immer von unabhängigen Geistern,
von Individualisten erzählt wurde, die sich die Freiheit nahmen, das zu tun, was sie für richtig hielten, dabei nicht viel
Rücksicht nahmen auf das, was die anderen dachten, aber die
auch immer den Preis für ihre Handlungen zahlten. Die Familie Vogtherr war eine Familie von Menschen mit geistiger
Unabhängigkeit, eine Familie der Kunstliebhaber, der Anhänger neuer Ideen, von Menschen, die nicht provozieren wollten, aber Konflikten, wenn es welche gab, nicht auswichen.

So gibt es die Überlieferung von seiner Großmutter und
Heinrich Heine: Eines schönen Tages soll sie ihren Kutscher
angewiesen haben, eine Reise nach Paris vorzubereiten. Sie
fuhr wenig später los, in Paris legte sie einen Strauß gelber

Teerosen am Grab Heinrich Heines nieder und kehrte dann nach Hannover zurück.

Eine andere Begebenheit, die sich auf einem Ball mit dem deutschen Kaiser ereignet haben soll, zeigte nicht nur den Eigensinn der Großmutter als junger Frau, sondern auch ihren Oppositionsgeist gegen das Kaiserhaus. Als der Kaiser durch den Saal schritt, versank alles im tiefen Hofknicks – außer Helga Timmermann, die einen solchen Akt nicht mit ihrer republikanischen Gesinnung vereinbaren konnte. Erst nach einem intensiven Blickkontakt soll sie schließlich in einen Miniknicks gesunken sein.

Ein anderer Verwandter setzte sich noch nachdrücklicher für einen deutschen Freiheitshelden ein: Im neunzehnten Jahrhundert stellte der – ebenfalls zur Familie gehörende – Gutsbesitzer Hensel aus der Umgebung Berlins eine der Kutschen jener Staffel, die den deutschen Freiheitskämpfer Gottfried Kinkel auf den Weg aus der Spandauer Festungshaft zur Ostsee und damit in die Freiheit brachte. Und er bezahlte mit Karriere und Vermögen für diesen Akt der Rebellion gegen die Obrigkeit!

Wieder eine andere Geschichte erzählt von seinem Vater und Klaus Mann. Die Familien Mann und Vogtherr wohnten im Münchner Stadtteil Bogenhausen nahe beieinander, und Klaus und Ekbert waren Klassenkameraden und Freunde. Die Freundschaft zwischen beiden hielt allerdings nur so lange, bis der Vater Martin Vogtherrs in einem Deutschaufsatz eine bessere Note bekam als Klaus.

Freiheit ohne Grenzen: kein Deutschlandbild

Über diese Verankerung in der Familie hinaus gab es das Engagement einzelner Familienmitglieder in der Nachbarschaft bis hin zu einem Mandat im Stadtrat. Aber das war die Grenze: Man wohnte zwar in Bayern, Sachsen, Berlin oder im Rheinland, aber man fühlte sich nicht einmal als Bayer oder

Sachse, Berliner oder Rheinländer. Noch weniger verstand man sich als deutsch. Entsprechend der Tradition seiner Familie wurde auch Martin Vogtherr als Weltbürger erzogen. Bei Joseph Rovan las er später die treffende Beschreibung einer Variante der deutschen Geschichtsdarstellung, mit der er sich nie anfreunden konnte:

„Einem Volk, das zur Hälfte aus Katholiken bestand und immer schon in föderativen Strukturen gelebt hatte, verschafften die Vertreter der nationalliberalen Bewegung eine protestantische, die Einheit der Nation betonende Geschichte. Die Sprachwissenschaftler erfanden die „indogermanische" Völkergemeinschaft (in Frankreich nennt man sie später indoeuropäisch), die ferne Vergangenheit der Mythen und Legenden wurde den blonden Ariern, den Ahnen der Nation zugeschrieben. Auf dieser weitgehend erfundenen Vergangenheit bauten die Deutschen des 19. Jahrhunderts ihre Gegenwart auf."[21]

Grenzen schienen und scheinen Martin Vogtherr als völlig überflüssig. Auch für diese Haltung fand er eine Bestätigung in Rovans Buch, in dem festgestellt wird, wie irrelevant in Europas Geschichte Grenzen waren: Karl der Große herrschte über ein Reich, das von den Pyrenäen bis in die Mitte des heutigen Deutschlands reichte – zu einem Zeitpunkt, als es „die Deutschen" überhaupt noch nicht gab. Und wenn Martin Vogtherr heute einen jungen Franzosen trifft, der Charlemagne als seinen Urahn begreift, so ist das für ihn kein Grund zum Streit über einen Vorfahren, sondern ein Grund zur Freude über den gemeinsamen Ursprung.

Martin Vogtherr war fasziniert von der weiteren Entwicklung des Reiches, das von den Söhnen Karls des Großen aufgeteilt wurde. Mit dieser Teilung begann das Auseinanderleben seiner Bewohner – bis hin zum unseligen Aufkommen des bereits erwähnten Nationalismus – der wohl schlimm-

---

[21] Joseph Rovan, Geschichte der Deutschen / Von ihren Ursprüngen bis heute, Carl Hanser Verlag, München Wien, 1995, S. 19.

sten Geisel der Moderne, der Millionen Menschen in Kriegen zum Opfer gefallen sind. Später entwickelte sich „Deutschland" immer weiter nach Osten – oder besser in die Mitte Europas – und zeitweise verlegte sich der „Regierungssitz" bis weit in den Süden: Friedrich der Zweite, der von Sizilien aus das Reich regierte, ist ein wichtiger Exponent einer Zeit, in der das Denken in engstirnigem Nationalismus noch Jahrhunderte entfernt war. Darüber hinaus war er auch ein wichtiger Vertreter einer weltoffenen Geisteshaltung, die in der islamisch-arabischen Welt eine Bereicherung für die westliche Lebensweise sah.

Später würden viele Menschen in Deutschland und im Ausland sagen, er sei eigentlich kein richtiger Deutscher. Für viele seiner deutschen Bekannten war seine Weltoffenheit fremd, und sie misstrauten seinem Weltbürgertum. Für seine ausländischen Freunde war er ebenso wenig ein Deutscher, weil er viel zu sehr war, wie sie selbst. Dennoch war er eigentlich ein Prototyp des Gesamtdeutschen: In einem Land, dessen Menschen sich spät zu einer Nation zusammen gefunden hatten, um sich dann in die Exzesse eines extremen Nationalismus gepaart mit einer rassistischen Ideologie hineinzusteigern, waren nach dem Zweiten Weltkrieg die Stämme und regionalen Bezüge wieder die eigentlichen Identitätsmerkmale geworden: Die Menschen erlebten sich eher als Sachsen, Rheinländer oder Westfalen, denn als Deutsche. Und seine Klienten aus Afrika staunten nicht schlecht, wenn er ihnen Jahre später sagte, Deutschland sei eher eine „Tribal Republic" als eine „Federal Republic".

...und die deutsche Kultur?

Journalisten fragten (und fragen) ihn immer wieder, ob es denn nicht schwer sei, durch den Religionsübertritt in eine andere Kultur hinüber zu treten. Er konnte mit dieser Frage nicht viel anfangen, aber er versucht dennoch, eine sachliche Antwort zu geben: Seit er zurückdenken kann, hat er nie etwas anderes kennen gelernt als Weltkultur im wahrsten Sinne des Wortes: er lernte die Welt in der Bibliothek seines Großvaters kennen – ein Raum mit hoher Stuckdecke und einem warm leuchtenden, vom vielen bohnern mild nach Wachs riechenden Holzboden. Dunkelbraune schwere Samtgardinen bewahrten die Bücher vor zu viel Tageslicht. Verzaubert betrachtete er die großen Enzyklopädien mit ihren Stahlstichen und mit einer natürlichen Ehrfurcht berührte er die ledernen Einbände der alten Folianten. Sein liebstes Buch wurde eine chinesische Grammatik aus dem 16. Jahrhundert, deren Erklärungen in lateinischer Sprache abgefasst worden waren. Sein Großvater, der sowohl Chinesisch als auch Türkisch sprach und schrieb, hatte seiner Mutter zur Hochzeit ein handgeschriebenes Gedichtbuch geschenkt, in dem er chinesische Lyrik ins Deutsche übersetzt hatte. Was für viele Menschen in den sechziger Jahren des 20. Jahrhunderts zur Offenbarung wurde, war für ihn Alltagslektüre in der Bibliothek: Werke von Lao Tse genauso wie Texte über den Buddhismus.

Nach dem Tod des Großvaters fand er eine Kiste mit Manuskripten in arabischer Schrift. Er wunderte sich zunächst darüber, denn es war ihm gar nicht bewußt, dass sein Großvater auch Arabisch konnte. Erst später wurde ihm bewußt, dass sein Großvater ja das Türkische zu der Zeit gelernt hatte, als man es noch mit arabischen Schriftzeichen schrieb.

Bibliothek, Bücher, Erzählungen und Berichte weckten die lebenslange Neugier und den Lebens bestimmenden Wissensdrang Martin Vogtherrs, immer mehr zu erfahren, zu erleben und zu wissen. Die Suche nach Information und Wissen, nach neuen Bildern, zunächst in Büchern, dann durch Reisen in immer neue Ländern versetzte ihn später in die Lage, immer wieder Menschen unterschiedlichster Herkunft zusammen zu führen und zu beraten.

Seine Reise durch die reale Welt der Gegenwart und die imaginären Welten von Vergangenheit und Zukunft hatte begonnen. In einem Gedicht von T. S. Eliot fand er später ein Gleichnis über die Verknüpfung der Zeiten und von Bewegung und Stillstand, das ihn sein Leben lang begleitete:

„At the still point of the turning world.
Neither flesh nor fleshless;
Neither from nor towards;
at the still point, there the dance is,
But neither arrest nor movement.
And do not call it fixity,
Where past and future are gathered.
Neither movement from nor towards,
Neither ascent nor decline.
Except for the point, the still point,
There would be no dance,
and there is only the dance."[22]

* * *

In den späten fünfziger Jahren wurden seine Informationsquellen aktueller und internationaler. Er verschlang jede Ausgabe von Reader's Digest, den seine Mutter abonniert hatte. Der Bericht über den Aufstand in Ungarn füllten seine Phantasie und seine Träume. Pal Maleter wurde sein Held. Später waren die Magazine TIME und Newsweek Fixsterne am Himmel seiner Allgemeinbildung, die Zeitschriften LIFE

---

[22] T. S. Eliot, Four Quartets, Faber and Faber,Tenth Impression March Mcmlv, S. 9.

und Vogue prägten sein Stilgefühl. Und es war wie die Erfüllung eines Traums, als Jahre später seine Freundin Amie mit einem großen Foto in LIFE im Rahmen einer Reportage über Tätowierungen als Körperschmuck abgebildet und er selber in TIME Magazin als „Bonn's Martin Vogtherr" zur Frage der typisch deutschen Unterscheidung von E- und U-Musik zitiert wurde. Für ihn hatte sich damit die Vorhersage Andy Warhols erfüllt, jeder Mensch würde in Zukunft einmal für eine gewisse Zeit lang weltweit sichtbar sein.

Aus dem weiten Feld der französischen Kultur faszinierten ihm André Malraux und Albert Camus, dessen Mythos von Sisyphos ihm für lange Jahre die passende Beschreibung der menschlichen Existenz schien. „Pierrot le fou", jener von Jean Paul Belmondo gespielte Held im gleichnamigen Film von Jean Luc Godard, der sich in der letzten Szene des Films den Kopf hellblau anmalt und sich dann in die Luft sprengt, war für ihn die adäquate und geniale Umsetzung der Gedanken von Camus. Er sah sich diesen Film immer wieder an.

Vor diesem Hintergrund verwundert es vielleicht weniger, dass er sich auch nach seinem Bekenntnis zum Islam nie „undeutsch" oder unwohl in seiner deutschen Kultur gefühlt habe, da seine „deutsche" Kultur immer eine Vielfalt von Elementen aus der ganzen Welt in sich gehabt hat. Er begeisterte sich für die Einflüsse afrikanischer Kunst auf deutsche Künstler genauso wie er islamisch-orientalische Einflüsse als Bereicherung empfand. Vielleicht mochte er auch aus diesem Grund das Wort „multikulti" nicht so sehr, da das Gegenteil von multikulturell monokulturell ist – und Deutschland – kein Land der Welt – monokulturell ist. Für ihn beschreibt das Wort „diversity" viel besser, worauf es ankommt. Als Maxime seines Lebens formulierte er später: Vielfalt ist besser als Einfalt.

Alle in einen Topf

Durch sein Bekenntnis zum Islam war Martin Vogtherr nicht nur zum anderen geworden. Er lernte auch, dass alle „anderen" in einen Topf geworfen werden: Alle Musliminnen und Muslime müssen gerade stehen für 14 hundert Jahre Geschichte der muslimischen Welt, die überwiegend als Kriegsberichterstattung dargestellt wird. Und sie werden verantwortlich gemacht, für alles was heute im Namen des Islam in der Welt geschieht, sei es in arabischen Monarchien oder ausgehend von afghanischen Höhlenmenschen. Moscheebau in Kreuzberg, ja gerne, aber bittet baut erst einmal eine Kirche in Mekka!

Muslime beherrschen allerdings dieses Spiel ebenso perfekt: die westliche Welt, die Kolonialisten sind an allem Schuld, sie haben die muslimische Welt ausgebeutet und tun das heute noch, es geht nur um Öl, Menschenrechte gelten nur als moralische Keule und von den Kreuzzügen bis Baghdad kommt es nur darauf an, die Muslime zu unterdrücken. (Abgrenzung und Verallgemeinerung beschränken sich leider nicht auf das Verhältnis von Deutschen und Muslimen, diese Verhaltensweisen sind global.)

Im gegenseitigen Aufrechnen besteht der besondere Charme der meisten Dialogveranstaltungen und meistens gehen beide Seiten frustriert nach Hause. Dabei ginge es auch anders: Niemand leugnet kriegerische Auseinandersetzungen, aber ebenso sollte nicht unter den Tisch gekehrt werden, dass es solange es den Islam gibt, auch Handel und kulturellen Austausch und gegenseitige Befruchtung gegeben hat. Die Geschichte soll hier nicht wiedererzählt werden von den indisch-arabischen Zahlen bis hin zu den arabischen Lehnwörtern in der deutschen Sprache. Wichtig ist nur die Feststellung, dass die Menschen selber entscheiden, welchen Aspekt ihrer gemeinsamen Geschichte sie in Erinnerung behalten wollen und als vorbildlich oder verbindlich herausstellen wollen. Geschichte, Geschichten, „narratives", werden von

Menschen gemacht und können unter den unterschiedlichsten Gesichtspunkten und mit den vielfältigsten Absichten geschrieben werden: Geschichte muß nicht immer Besitzansprüche begründen, zu Krieg motivieren und moralische, geistige, kulturelle Überlegenheit formulieren. Weltgeschichte, globale Geschichte könnte auch das Zusammenleben in Frieden begründen.

Distanzieren – kritisieren!

Als Folge der Tatsache, dass alle Muslime in einen Topf geworfen werden, wird von allen immer wieder gefordert: „Distanziert Euch", wenn immer und wann immer ein Verbrechen im Namen des Islam verübt wird. Aussagen wie die folgenden kann man wie die Stecknadel im Heuhaufen suchen.

„Muslime müssen sich für nichts entschuldigen!"
Erhard Körting, Berliner Innensenator auf einer
Sitzung des Islam-Forums Berlin

„Es gibt keinen Islamischen Terrorismus"
EU-Dokument

Die zweite Forderung an die Muslime lautet, nicht nur die westliche Welt zu kritisieren, sondern auch Muslime, radikale Religionsführer und Potentaten von Staaten, in denen die Muslime die Bevölkerungsmehrheit stellen. Hier wiederholt sich ein Phänomen, das an den kalten Krieg erinnert: Studenten, die aus der linken Ecke heraus Kritik an der Bundesrepublik und dem Westen insgesamt übten, wurde vorgeworfen, sie seien auf dem linken Auge blind und es wurde ihnen empfohlen sie sollten doch in die DDR gehen. Es scheint vielen Menschen unmöglich zu sein, sich sachlich mit Kritik auseinanderzusetzen, sie können nur mit Gegenkritik reagieren.

* * *

1989 brachte der iranische Ayatollah durch seine Fatwa, in der er den englischen Schriftsteller Salman Rushdie für vogelfrei erklärte, den Islam weltweit in Verruf. Seit dieser Fatwa wird den Muslimen immer wieder die Forderung gestellt, sich zu distanzieren. Nach jedem terroristischen Anschlag läuft das gleiche Ritual ab: Muslime veröffentlichen weltweit Erklärungen, dass diese Akte nicht mit dem Islam zu vereinbaren seien, Politik und Publizistik nehmen diese Erklärungen nicht war, sondern fordern ihrerseits Distanzierungen, unterstellen eine vermeintliche Verweigerung von Distanzierungen und damit zugleich uneingestandene Sympathie. Äußerungen wie die des Berliner Innensenators Körting, der klar – wenn auch in eingeschränkter Öffentlichkeit – gesagt hat, dass sich die Muslime für nichts zu entschuldigen hätten oder wie Feststellung eines Papiers der EU, dass es keine islamischen Terrorismus gibt, sind äußerst selten.

Das permanente Übersehen von Distanzierungen und Verurteilungen des Terrors von Muslimen ist außerordentlich ärgerlich, denn dadurch wird der breiten Öffentlichkeit in der Tat suggeriert, Muslime seien Sympathisanten des Terrors. Nichts könnte falscher sein: schon 1989 nannte das damals wichtigste Gremium der Muslime in Deutschland, der so genannte Islamrat, Khomeinis Fatwa einen Mordaufruf – weiter kann man innerhalb der muslimischen Glaubengemeinschaft wirklich nicht gehen! Immerhin hat sich in der letzten zwei Jahren doch noch etwas bewegt: nach einer von der staatlichen türkischen Religionsgemeinschaft DITIB organisierten Massenkundgebung wurde breit berichtet, dass Muslime den Terror verurteilten. Durch ein Gedenkgebet zum fünfjährigen Jahrestag des 11. September 2001 in ca. 40 Berliner Moscheen wurde zumindest in Berlin deutlich wahrgenommen, dass Muslime sich durchaus vom Terror distanzieren.

An der Forderung nach Distanzierung ist nicht nur ärgerlich, dass seit Jahren erfolgte Verurteilungen des Terrors nicht wahrgenommen werden. Martin Vogtherr empfindet es als eine Zumutung, wenn von ihm eine Distanzierung gefordert wird, denn damit wird ihm zugleich eine Nähe zum Terrorismus unterstellt: schließlich kann er sich nur von etwas distanzieren, in dessen Nähe er sich befindet, b.z.w. zu dem er gehört. Hier wird in kollektiven Kategorien gedacht, die dem sonst so hochgehaltenen Grundsatz von der individuellen Verantwortlichkeit des Menschen widerspricht.

Zugleich wird mit dieser Forderung permanent die Unterstellung am Leben gehalten, die Botschaft des Islam sei eine kriegerische Botschaft und sie fördere, ja begründe gerade zu den Terrorismus. Als „Beweis" wird in der Regel eine Stelle aus den Qur'an angeführt, in der tatsächlich zum Kampf aufgerufen wird, allerdings mit klaren Bedingungen, die üblicherweise beim Zitieren unter den Tisch fallen. In der Übertragung der Bedeutung des Qur'an von Murad Hofmann heißt es in der Surah 2, Vers 190 folgende:

„(190) Und bekämpft auf Allahs Pfad, wer euch bekämpft, doch übertretet nicht. (Indem ihr den Kampf zuerst beginnt.) Siehe Allah liebt nicht die Übertreter. (191) Und tötet sie, wo immer ihr auf sie stoßt. (Während eines Verteidigungskrieges.) Und vertreibt sie, von wo sie euch vertrieben; denn Verführung (zum Unglauben) ist schlimmer als Töten. Bekämpft sie jedoch nicht bei der unverletzlichen Moschee, es sei denn, sie bekämpften euch dort. Greifen sie euch jedoch an, dann tötet sie. So ist der Lohn der Ungläubigen. (192) Wenn sie jedoch aufhören, so ist Allah, verzeihend und barmherzig. (193) Und bekämpft sie, bis die Verführung aufgehört hat und die Religion Allah gehört. Und wenn sie aufhören, sei keine Feindschaft mehr, außer gegen die, welche unterdrükken. (194) Bekämpft sie während eines geschützten Monats, wenn sie euch in einem geschützten Monat bekämpfen. Für die geschätzten Dinge gilt Widervergeltung. Wenn euch einer angreift, bekämpft ihn im gleichen Maße, indem er Gewalt anwendet. Und fürchtet Allah und wisst, dass Allah mit den Gottesfürchtigen ist."

Auch ohne die erläuternden Zusätze, die Murad Hofmann in Klammern gesetzt hat, wird deutlich, dass es hier um etwas Analoges geht, was in der westlichen Politik als „Nato-Strategie" verstanden wird: Verteidigung im Falle des Angriffs und Ende der Kampfeshandlungen bei Ende des Angriffes. Murad Hofmann steht in dieser Deutung nicht alleine: Tafsire (Kommentare) und Einführungen für Interessierte geben entsprechende Interpretationen.

Richtig ist in der Tat, dass sich Terroristen auf den Islam berufen, aber das macht den Islam genauso wenig zu einer terroristischen Religion, wie die kriegerischen Aktionen von Christen das Christentum zu einer Religion der Kriegshetze machen. Jede Religion und auch jede Staatslehre und Ideologie kann dazu verwendet werden, Kriege zu begründen: Es sind aber immer Menschen, die Religionen instrumentalisieren und deshalb sollten auch die Menschen verantwortlich gemacht werden. Kein Mensch kommt auf die Idee die Schlussfolgerung zu ziehen, im Katholizismus sei das Verbrechertum angelegt, weil die Mafia eine Organisation des katholischen Südens Italiens ist. Ebenso wenig spricht man von den katholischen Drogenbaronen Südamerikas, die unsere Jugend vergiften – wobei es andererseits selbstverständlich ist, dem Islam den Mohnanbau in Afghanistan anzulasten.

* * *

In grauer Vorzeit wurden Sterne, Berge, Haine, Ströme als Götter verehrt, Menschen brachten ihnen Opfer, um sie gnädig zu stimmen. Orakel wurden befragt, um den Verlauf der Zukunft zu ergründen, dabei wurde in Gedärmen gewühlt oder der Rauch von Opferfeuern interpretiert. Heute lächeln wir darüber. Doch vielfach sind unsere Interpretationen von Geschichte und unsere Versuche, Verhalten vorauszusagen diesen urtümlichen Methoden ziemlich ähnlich. Nationen, Völker, Religionen und Kulturen werden personalisiert, ihnen werden bestimmte Eigenschaften nachgesagt und diese werden dann auf die Menschen, die ihnen angehören übertragen: Das selbstverantwortliche Individuum hat in Betrachtungen dieser Art wenig Spielraum.

Ein klassische Gedankenkette, die nach dem Zweiten Weltkrieg in vielen Köpfen spukte, verlief so: Von Luther über Nietzsche und Wagner gibt es eine klar erkennbare kausale Entwicklung, die zu Hitler führte. Über diese lineare Betrachtung wird heute der Kopf geschüttelt, aber dafür wird in manchen Bereichen ganz ähnlich gedacht. Huntingtons Theorie vom „Clash of Civilizations" z. B. folgt solchen Gedankenverläufen. Er vertritt den Standpunkt, dass es monolithische Kulturen gibt, die per definitionem antagonistisch sind, und deshalb unausweichlich auf einen Konflikt zusteuern.

Daran ist erstens die Annahme der Homogenität von Kulturen falsch, da keine Kultur homogen ist. Zweitens sind alle Kulturen entwicklungsfähig. Drittens sind es nicht Kulturen, die handeln, sondern die Menschen in ihnen, und diese haben es in der Hand, negative Entwicklungen zu vermeiden und umzusteuern.

Mit anderen Worten: es sind die Menschen, nicht die Nationen, Kulturen und Religionen, die entweder Krieg begründen oder friedliches Zusammenleben organisieren.

Diese Betrachtung lässt sich auch auf den Umgang mit Muslimen anwenden: Muslime werden immer wieder konfrontiert mit der Aussage „Der Islam ist." „Die Muslime müssen." Meistens folgen dann Feststellungen, in denen Muslime verwundert mit Geboten konfrontiert werden, von denen sie noch nie etwas gehört haben. Besonders kritisch wird es, wenn behauptet wird, „die Muslime" als Kollektiv seien durch die Aussagen des Qur'an verpflichtet, „die Nichtmuslime" zu vernichten. So sind leicht Zwiespalt und Angst zu schüren.

In Bezug auf Muslime sei zunächst festgehalten, dass es „die Muslime" nicht gibt. Es ist vielmehr eine Milliarde Individuen, die alle in individueller Verantwortung ihre Entscheidungen treffen. Radikale Muslime gibt es, wie es radikale Menschen anderer Einstellungen gibt. Radikale Gruppen gibt es ebenfalls unter den Anhängern aller Religionen, Ideologien und politischen Richtungen. Die monokausale, unausweichliche Herleitung von einer Botschaft zu einem bestimmten Verhalten ist jedoch nicht möglich. (So ist z. B. ja auch umstritten, inwieweit Gewaltvideos schulische Amokläufern „hervor bringen".)

Wenn wir im Sinne der Aufklärungen von der Eigenverantwortung individueller Menschen sprechen, dürfen wir weder Muslime noch die Angehörigen anderer Religionen als kollektives Ausführungsorgan bestimmter Religionen und Ideologien sehen.

Auf dem Feld pauschaler Verurteilungen und negativer Bewertungen sind Muslime genauso präsent. In den Augen vieler Muslime geht es dem Westen immer nur um Macht und Öl, Kolonialisierung und Ausbeutung. „Die USA" sind „der Satan". Was an die Adresse der Menschen im Westen gesagt wurde, gilt deshalb auch für Muslime: es sind immer Personen, die handeln, nicht Länder oder Staaten. Pauschale Schuldzuweisungen haben keinen Erklärungswert, sondern können allenfalls den Ruf nach Vergeltung begründen.

Wenig Hoffnung: die CDU und die Muslime

Es ist eine seltene Ironie des Schicksals: Ausgerechnet die Partei, deren Politiker 40 Jahre lang verkündeten: „Deutschland ist kein Einwanderungsland." macht sich jetzt zum Vorreiter der Integration. Der Innenminister ruft eine Islamkonferenz ins Leben. Die Beauftragte für Migration initiiert einen Integrationsgipfel. Sie haben wohl erkannt, dass es kein Zurück gibt hinter das Einwanderungs(Zuwanderungs)gesetz und das Staatbürgerschaftsgesetz ihrer Vorgängerin, der Rot-Grünen Regierung. In der Vergangenheit sah es ganz anders aus:

„Der Kanzler betreibt keinen Kondolenz-Tourismus."

Helmut Kohls Sprecher als Antwort auf die Forderung an Helmut Kohl den Ort der Brandstiftung in Solingen zu besuchen, an dem im Mai 1993 fünf türkische Frauen getötet wurden."[23]

* * *

Die Geschichte ist voll von Berichten über wohlwollende Herrscher, die Menschen aus anderen Ländern einluden, in ihr Land zu kommen um es zu besiedeln und zu kultivieren, oder die Teile der eigenen Bevölkerung umsiedelten, um ihnen neue und bessere Lebensmöglichkeiten zu verschaffen. In den meisten Fällen handelte es sich dabei um – wie wir es heute nennen – ethnische Säuberungen, und über das Leid der umgesiedelten und derjenigen, die dort bereits wohnten, ist die Geschichte hinweggegangen. Doch die Wunden sind nie verheilt und in Ost-, Süd- und Mitteleuropa hat ein Funke genügt, um Jahrhunderte alte Konflikte zwischen Bevölkerungsmehrheiten und Bevölkerungsminderheiten aufflammen zu lassen.

Eines der wenigen Beispiele, in dem Menschen wirklich in ein anderes Land gebeten wurden, um dort zu arbeiten, fand in Deutschland in den frühen sechziger Jahren zu Zeiten der CDU-Bundesregierung statt. Die Gastarbeiter sollten den Engpass auf dem Beschäftigungsmarkt überbrücken. Doch damit hört die positive Seite dieser Geschichte schon auf: Als Arbeitskräfte waren sie Ende der fünfziger, Anfang der sechziger Jahre willkommen. Aber eigentlich sollten sie nur Gastarbeiter auf Zeit sein, und eine längere Gastfreundschaft war nicht vorgesehen. An die Möglichkeit, dass Ausländer Deutsche werden wollten und könnten, war schon überhaupt nicht gedacht.

Deutschland war damals für die CDU kein Einwanderungsland. Es galt, dass deutsch im Prinzip nur sein kann,

---

[23] Adam LeBor, A Heart Turned East / Among the Muslims of Europe & America, St. Martin's Press, New York 1997, S. 188.

wer deutsches Blut in sich trägt. Die CDU berief sich dabei auf ein Gesetz, das Anfang des 20. Jahrhunderts verabschiedet wurde, um es den Juden unmöglich zu machen, Deutsche zu werden.

„Die gegenwärtigen Regelungen (1997, Ch. H.), nach denen die Staatsangehörigkeit von den Eltern auf das Kind übertragen wird, reichen zurück zum Kaiserlichen Einbürgerungsgesetz von 1913 und teilen das Erbe des Rassismus. In diesem Fall war es ursprünglich der Antisemitismus. Denn dieses Gesetz wurde verabschiedet, damit den vielen polnischen und jüdischen Einwanderern, die nach Deutschland strömten, die Staatsangehörigkeit verweigert werden konnte. Aber heute sind diese Regelungen eher eine Mauer gegen Muslime als gegen Juden. Sogar *The Economist* beschrieb Deutschlands Staatsbürgerschaftsrecht als eines ‚der merkwürdigsten in den großen Industrieländern.'"[24]

Das Ausländerproblem der CDU wird noch größer, wenn es sich um Ausländer handelt, die Muslime sind. Zu den „Gastarbeitern" gehörten nämlich nicht nur z.B. Italiener und Spanier, Katholiken und damit Angehörige einer auch in Deutschland stark vertretenen Religion, sondern auch Muslime. Und in ihrem Verhältnis zu den Muslime zeigt die CDU – bewußt oder unbewusst – ein Doppelgesicht: Sie pocht gegenüber den Muslimen immer darauf, dass Deutschland ein säkularisiertes Land sei und der Islam sich säkularisieren müsse, um akzeptiert werden zu können. Ihr Auftreten gegenüber den Muslimen wird jedoch andererseits immer noch von einer christlichen, d.h. anti-islamischen Grundhaltung, von den Erinnerungen der christlichen Geschichte bestimmt. Muslime, das sind die Gegner des Christentums, die bösen anderen. Vor diesem Hintergrund ist es erklärbar, dass es mit dieser Minderheit in den vergangenen vierzig Jahren wenig Kontakte gab und noch weniger für sie getan wurde. Dennoch: beschämend ist es auf jeden Fall.

---

[24] Adam LeBor, a. a. o., S. 197.

Diese Versäumnisse aufzuarbeiten – wenn man es überhaupt wollte – fiel doppelt schwer.

Über das Nicht-Verhältnis der CDU zu den Muslimen schreibt der ehemalige Planungsgruppenchef Warnfried Dettling treffend:

„Sie (CDU) weiß keine Antwort auf die Frage, wie sie mit den Mitgliedern der drittgrößten Religionsgemeinschaft in Deutschland, den Angehörigen des Islam umgehen will. Eine politische „Union" zwischen Christen und Muselmanen mutet der Mehrheits-CDU wohl etwas fremdartig an. Aber im Bismarck-Reich und in der Weimarer Republik war eine christlich-demokratische Union zwischen Protestanten und Katholiken auch noch eine Utopie. Die CDU wird nicht daran vorbeikommen, ihr politisches Selbstverständnis in einer säkularen Gesellschaft, in der die Christen insgesamt in einer Diaspora-Situation leben, neu zu bestimmen."[25]

Muslime sind so zu einem Prüfstein der in den siebziger Jahren entwickelten Programmatik der „Neuen Sozialen Frage" geworden. Statt das zu tun, was die Neue Soziale Frage verlangt, sich nämlich um die Belange derer zu kümmern, die keine starke Lobby haben, hat die CDU genau das Gegenteil getan. Weil Muslime kein Stimmpotential in den Wahlen haben, wurden ihre Anliegen auch nicht berücksichtigt.

* * *

Eine dicke Überschrift verkündete in der „Frankfurter Neue Presse" im Dezember 1992: „Walter Wallmann spricht mit den Juden." – Eine Selbstverständlichkeit? Vielleicht. Vielleicht auch nicht, wenn man sich eine andere Frage stellt: Wer spricht eigentlich mit den Muslimen? Die Antwort auf diese Frage lautete lange Zeit, bestimmt kein Mitglied des Präsidiums der CDU, ja höchstwahrscheinlich kein Politiker der CDU.

---

[25] Das Erbe Kohls / Bilanz einer Ära, Eichborn, Frankfurt am Main 1994, S. 60.

Versuche Martin Vogtherrs, in der Parteizentrale einen Dialog zwischen Muslimen und Amts- und Mandatsträgern der CDU auf Bundesebene zu erreichen, sind ohne Erfolg geblieben. Die CDU mußte erst in die Opposition verwiesen werden, bis es der CDU/CSU-Bundestagsfraktion plötzlich einfiel, eine interne Anhörung mit islamischen Verbänden zu machen.

* * *

Wenn es richtig ist, dass Parteien in einer modernen Massengesellschaft politischen Stämmen entsprechen, dann können Grundsatzprogramme als moderne Totempfähle von Parteien verstanden werden: Sie sind die weithin sichtbaren Zeichen, mit denen sich die Mitglieder identifizieren und die zugleich nach außen die Botschaften weiterleiten, wofür eine Partei steht.

Mit ihrem Grundsatzprogramm, das im Frühjahr 1994 verabschiedet wurde (und bis zur Verabschiedung des Grundsatzprogramms von 2006 gültig war), hatte die CDU eine einmalige Chance, ihr Verhältnis zu den Muslimen zu definieren. Bis zu diesem Zeitpunkt war sie eine Partei gewesen, die sich gegründet hatte, um den Konflikt zwischen katholischen und evangelischen Christen zu begraben. Das Wort Union sollte darauf hinweisen, dass etwas Neues entstanden war. Die Programme der CDU sprachen über Christentum und erwähnten auch die Juden. Die einmalige Chance der CDU 1994 bestand darin, ihre religiöse Verankerung klar herauszustellen, ihren konfessionellen Bezug aber zurückzunehmen: Die Erwähnung des „Einen Gottes" und der Tatsache, dass Er Ursprung der drei monotheistischen Religionen ist, hätte es ermöglicht, die CDU als Heimat für Juden, Christen und Muslime zu öffnen, und die konfessionelle Beschränkung auf Christen aufzuheben.

Martin Vogtherr versuchte, diesen Gedanken in das Grundsatzprogramm einzubringen. Als abzusehen war, dass im Entwurf für das Grundsatzprogramm nicht nur die Aussagen zum Thema Christentum und Partei einen breiteren Rahmen einnahmen als im Programm von 1978, sondern auch ausdrücklich den jüdischen Gemeinden für ihre Aufbauarbeit gedankt und ihnen bescheinigt wurde, dass sie „Teil unserer Kultur und ein unverzichtbarer Bestandteil unserer Gesellschaft" seien, schien es ihm nur logisch, wenn auch der Islam und die Muslime in diesem Programm erwähnt würden. Warum nur immer von den drei monotheistischen Religionen sprechen und sie nicht in einem Atemzug zu nennen? Auf Initiative Martin Vogtherrs verabschiedete der CDU-Kreisverband Bonn auf einer Mitgliederversammlung mit überwältigender Mehrheit einen Antrag für den Bundesparteitag, auf dem das Grundsatzprogramm verabschiedet werden sollte. Der Antrag lautete:

„Christen, Juden und Muslimen ist gemeinsam der Glaube an einen Gott.... Ein großer Teil der Menschen anderer Nationalität, die durch ihre Arbeit zu unserem Wohlstand beitragen, sind Muslime. Muslime gibt es auch unter den deutschen Staatsbürgern...Wir erwarten von den Regierungen in aller Welt, dass sie in ihren Ländern Religionsfreiheit gewähren."

Der Mitarbeiterstab der Grundsatzprogrammkommission arbeitete diese Sätze in den Entwurf ein. Sie wurde jedoch später vom Vorsitzenden der Kommission wieder gestrichen, wie es hieß mit der Begründung, die CDU habe es nicht nötig, Muslime in ihrem Programm zu führen. Nachdem CDU-Generalsekretär Peter Hintze, ein ehemaliger evangelischer Pfarrer, alle in dieser Sitzung Anwesenden gefragt hatte, ob es gegen diese Feststellung Einwände gebe und sich kein Widerspruch geregt hatte, blieb es bei der Streichung der Aussagen zum Islam. Stattdessen wurde nur die Forderung an andere Regierungen aufgenommen, auch in ihren Ländern Religionsfreiheit zu gewähren.

* * *

Für Martin Vogtherr war damit klar geworden, dass die CDU keinen Wert auf die Mitarbeit von Muslimen legte, ja ihnen gegenüber sogar bewußt eine Grenze zog. Es war, als wollten ihn diese Ereignisse innerlich auf das nahende Ende seiner Tätigkeit für die CDU und seiner Mitgliedschaft in dieser Partei vorbereiten, die nach einigen weiteren unerfreulichen Ereignissen am Arbeitsplatz folgten.

* * *

Heute gibt es Muslime in allen Parteien, auch in den Landesverbänden der CDU. Aber nach wie vor haben die Parteien nicht wirklich zu einem durchdachten, begründeten Verhältnis zum Islam und den Muslimen gefunden, was sich z. B. an der negativen Haltung zum Kopftuch zeigt. Lediglich die Grünen sind seit Jahren dabei, die Fragen von Muslimen und dem Islam in Deutschland kontinuierlich aufzuarbeiten. Angefangen mit einer Anhörung im Jahr 2002, veranstalten sie durch ihre Heinrich-Böll-Stiftung Diskussionen und Foren zu dieser Frage, die einen interessanten Dialog beinhalten.

1995: Abschied von der CDU

Im Herbst 1994 fragte Peter Radunski, zu diesem Zeitpunkt noch Berliner Senator für Bundesangelegenheiten in Bonn, Martin Vogtherr, ob er nicht für einige Monate nach Berlin kommen wolle, um die dortige CDU beim Landtagswahlkampf zu unterstützen. Da die Bundesgeschäftsstelle in den vorangegangenen Jahren immer wieder Mitarbeiterinnen und Mitarbeiter in Landesverbände „ausgeliehen" hatte, war dieses Anliegen nicht ungewöhnlich und er gab mit Freude seine Zusage. Womit er nicht gerechnet hatte, war die Tatsache, dass auch dieses Anliegen, wie so viele, in das Getriebe Bonn-Berliner Auseinandersetzungen kommen sollte. Der neue Bundesgeschäftsführer weigerte sich strickt, ihn gehen zu lassen, und so wurde nichts aus der Abordnung.

Zunächst jedoch begann Vogtherr, seinen Rückzug aus der Bonner Lokalpolitik einzuleiten, denn ein Pressesprecher der Bonner CDU, der in Berlin Wahlkampf machte, war nun ziemlich das Letzte, was man Bonner Wählerinnen und Wählern vermitteln konnte. Mit dem Bonner CDU-Vorsitzenden wurde er schnell einig, dass er rechtzeitig vor dem nächsten Kreisparteitag zurücktreten würde, um Gelegenheit für die Wahl einer Nachfolgerin oder eines Nachfolgers zu machen. In der Mitgliederzeitung der Bonner CDU, dem „Union Kurier" verabschiedete er sich mit folgendem Artikel:

„Wenn ich Anfang März 1995 mein Amt als Pressesprecher der CDU Bonn aufgebe, sind über 20 Jahre vergangen, seit ich in mein erstes Amt gewählt wurde. Grund genug, einmal ohne Zorn den Blick zurück zu werfen. Wie war das damals?

Die CDU hatte sich 1974/75 personell erneuert. Für sie standen Namen wie Kurt Biedenkopf, Heiner Geißler, Hanna-Renate Laurien, Helga Wex, Richard von Weizsäcker und Helmut Kohl. Mit der Mannheimer Erklärung und der Definition der Neuen Soziale Frage waren Meilensteine der inhaltlichen Erneuerung gesetzt, die zwar nicht 1976 aber dann 1982 zur Regierungsübernahme führten.

Das Ende der Vielfalt

Und heute? Die personelle Vielfalt gibt es nicht mehr. Sie ist in dem Maß geschwunden, wie die programmatische Offenheit abgenommen hat: Herbert Gruhl, Mitglied der CDU/CSU-Bundestagsfraktion wurde nicht beachtet, belächelt und schließlich vergrault. Die CDU vertat die Chance, den Umweltgedanken von Anfang an sich zu binden.

Die Bewegung der Bürgerinitiativen wurde mit gerümpfter Nase betrachtet. Wie eine beleidigte Leberwurst sagte die CDU. „Aber bitte, als Partei sind doch laut Grundgesetz wir für die politische Willensbildung zuständig." – So verliert man den Kontakt zu Bürgerinnen und Bürgern.

Schlacht um den Zeitgeist

Wer in den vergangenen Jahren etwas ändern wollte, mußte immer neue Gespensterschlachten um den Begriff „Zeitgeist" führen. Natürlich: Die CDU hat ihre Grundsätze. Und der Adam bleibt auch immer der Alte! Richtig: Vieles, was den Menschen heute so in den Kopf kommt ist schon morgen wieder vergessen – deswegen müssen wir nicht alle sechs Wochen unser Programm umschreiben. Aber, wenn für die Erde gilt: „Und sie bewegt sich doch!" Dann gilt auch: Die Umwelt ist heute (nach wie vor) dreckiger als Vorgestern, die Mikroelektronik hat unser Arbeits- und Zusammenleben hektischer gemacht, und der Frieden ist nicht sicherer geworden. Darauf muß unsere Politik eine Antwort finden – und das hat gar nichts, aber auch gar nichts mit Zeitgeist oder einer Anpassung an ihn zu tun.

CDU. Gute Bundespolitik!

Richtig, die CDU hat seit 1982 gute Politik gemacht: Die Wirtschaft wurde saniert, die Bündnispolitik schuf die Grundlage für die Wiedervereinigung, wir wachsen langsam zusammen. Aber richtig ist auch: Die CDU hat die Bodenhaftung verloren. Waren wir 1974/75 die Partei der großen Städte und der Landesregierungen, so kann man die CDU heute in diesen bereichen mit der Lupe suchen, nicht nur in Bonn hat sie die Mehrheit verloren. Die Verankerung vor Ort hat uns die personelle und programmatische Kraft zur Verantwortung auf Bundesebene gegeben. Wir müssen hart daran arbeiten, sie zurück zu gewinnen durch eine weitere personelle und programmatische Erneuerung vor Ort.

CDU braucht Außenpolitik

Doch auf Bundesebene gibt es ein lebensgefährliches Defizit: Weder die CDU noch die Bundesregierung haben eine klare Außenpolitik. Selbstbestimmung und Menschenrechte sind die definierten Fixsterne, aber wo gelten sie wirklich? Estland, Lettland und Litauen wurden anerkannt, Slowenien, Kroatien und Bosnien auch. Im Fall Tschetschenien wird jetzt vor einem Rückfall in gefährliche Nationalismen gewarnt. Warum – nur weil dieses Land länger als andere unterdrückt wurde? Wo steht die CDU im Kreuzfeuer ethnischer Selbstbestimmung? In Kuwait hat sie mit der westlichen Welt die Menschenrechte verteidigt. Wo sind die Menschenrechte in Bosnien? Stefan Schwarz und Christian Schwarz-Schilling, zwei Politiker der CDU, die sich für Bosnien eingesetzt haben und dabei weltweit für die Integrität der CDU warben, haben dies mit dem Ende ihrer politischen Laufbahn bezahlt. Das kann doch nicht die Zukunft der deutschen Außenpolitik sein?

CDU – Zukunft nur als Volkspartei

Wenn ich jetzt aus der aktiven Politik ausscheide, werde ich dennoch in Zukunft durch Veröffentlichungen an der inhaltlichen Diskussion teilnehmen.

Mein einziger Wunsch für die Zukunft: Ich hoffe, dass wieder einmal viele herausragend Persönlichkeiten klar erkennbar für eine lebendige Meinungsvielfalt auf dem Boden christlich demokratischer Grundsätze stehen, denn nur als Volkspartei, in der sich alle Schichten und Strömungen unseres Volkes wieder erkennen, hat die CDU auf Dauer eine Zukunft."

Die Reaktionen auf diesen Artikel waren erstaunlich: „Sie haben aber Mut!" war das Urteil von Manchen, nachdem er ihn veröffentlicht hatte. Andre meinten, eigentlich müsse er nach einem derartigen Abgesang auch konsequenterweise aus der CDU austreten. Wieder andere warnten ihn, es mit der Kritik an der CDU und an Helmut Kohl nicht auf die Spitze zu treiben, dieser würde ihm das nie verzeihen.

Wenige Monate später, als seine Auseinandersetzungen mit dem Bundesgeschäftsführer eskalierten, wurden die Warnungen noch deutlicher. Besorgt nahmen ihn gute Freunde zur Seite und rieten ihm, sich zurückzuhalten. Er müsse sonst darauf gefasst sein, dass Helmut Kohl im Falle seines Ausscheidens aus dem Konrad Adenauer Haus dafür sorgen würde, dass er nirgends in Deutschland einen angemessenen Job finden könnte. Er konnte sich das nicht recht vorstellen, obwohl jeder in der Bundesgeschäftsstelle ziemlich genaue Erinnerungen daran hatte, was mit Kurt Biedenkopf geschehen war, nachdem er von Helmut Kohl fallen gelassen worden war. So wurde z. B. kolportiert, als Kurt Biedenkopf – nachdem er von Helmut Kohl nicht mehr als Generalsekretär nominiert worden war – versuchte, für sein neu gegründetes Institut für Wirtschaft und Gesellschaft Mittel aus der Industrie zu erhalten, Helmut Kohl in den Führungsetagen großer deutscher Unternehmen angerufen habe, um die Entscheidungsträger davon zu überzeugen, dass sie dem „Abtrünnigen" kein Geld zukommen lassen sollten.

Dass die Menschen wirklich Angst vor Helmut Kohl hatten, wurde Vogtherr erst bewußt, als er eine frühere Kollegin bat, in seinem Namen allen früheren Kolleginnen und Kollegen ein Exemplar seines Buches zu übergeben. Sie rief ihn einen Tag später an und bat um Verständnis, dass sie das nicht könne. Denn sie habe Angst, dass der Bundesgeschäftsführer etwas unternähme, wenn es heraus käme, dass sie sein Buch verteilt habe. Auf einmal wurde ihm klar, wie es anfängt, erst hat man Angst, ein Buch weiter zugeben, dann kommt die Angst seine Meinung offen zu sagen, und wie es weitergeht wissen wir aus der Geschichte.

Noch beunruhigender wird es, wenn Patricia Clough in ihrer Kohl-Biographie berichtet, wie durch gewisse Anrufe aus dem Kanzleramt Konformismus erzwungen wird:

„Thomas Kielinger beschwerte sich bei einer deutsch-englischen Konferenz in Ebenhausen: ,Man kann in Deutschland, wenn man auch nur im geringsten von einer institutionellen Hierarchie abhängig ist, nicht gefahrlos in Frage stellen, was die offiziell vorgeschriebene Tagesordnung betrifft, sei es die europäische oder eine andere. Man würde die sofortige Ächtung all der selbstgerechten Meinungsbildner und Schönredner riskieren, die einen anschnauzen würden. Solche Zweifel seien gefährlich und würden ein schlechtes Licht auf Deutschlands Verlässlichkeit und Standhaftigkeit werfen. Wenn man einen Anruf von einer bestimmten Person aus der Umgebung des Kanzlers bekommt, weiß man, was die Stunde geschlagen hat.'"[26]

Wie weit ist es eigentlich in Deutschland gekommen, dass man sogar in den Medien und wissenschaftlichen Institutionen vor einem Anruf aus der Umgebung des Kanzlers kuscht?

Es gibt ein Leben nach der Politik

Martin Vogtherr hätte höchstwahrscheinlich die Politik nicht so abrupt verlassen, hätte er nicht ein Angebot von einer Agentur gehabt, für sie zu arbeiten. Spezialität dieser Agentur waren Kommunikations- und PR-Beratung auf dem Feld der Entwicklungspolitik und des Umweltschutzes.

Wichtiger Kunde der Agentur war die Deutsche Gesellschaft für technische Zusammenarbeit (GTZ). In vielen Ländern wurde er als Berater für die unterschiedlichsten Aufga-

---

[26] Patricia Clough, a. a. o., S. 262

ben tätig: In Rumänien betreute er den Prozeß der Privatisierung der Wirtschaft und es gelang seinen Kollegen und ihm, dass der überwiegende Teil der Bevölkerung tatsächlich am Stichtag die Bezugsscheine für den Erwerb von Anteilen an den staatlichen Unternehmen zeichnete.

In Sibirien leitete er ein Seminar für Deutsche, die unter Stalin im Zweiten Weltkrieg von der Wolga dorthin zwangsumgesiedelt worden waren. Sie sollten über Zugänge zum Markt der Europäischen Union für ihre Waren informiert werden.

Für die Staaten der „Inter Governmental Authority on Development" (IGAD) am Horn von Afrika führte er einen einwöchigen Workshop durch aus dem ein Handbuch zur besseren Öffentlichkeitsarbeit und Vermarktung der Erfolge der Mitgliedsstaaten entstand.

Wichtigster Auftrag war die Betreuung der Ausstellungsprojekte mehrerer Länder auf der internationalen Weltausstellung EXPO 2000 in Hannover. Durch einen großzügigen Fonds der Bundesregierung wurden viele Länder in die Lage versetzt, ihre Kultur und Wirtschaft zu präsentieren. Martin Vogtherr betreute die Pavillons von Azerbeidschan, Bangla Desh, Djibouti, Eritrea, Indonesien und Pakistan.

Arbeiten für Dubai

Eine weitere Veränderung seines beruflichen Schwerpunktes kündiget sich über das Telefon an: eine internationale Headhunter Organisation war auf ihn aufmerksam geworden und bot ihm ein großes Projekt für Kultursponsoring einer Investorengruppe in Dubai an. Der Anruf kam im Februar, im April besuchte Martin Vogtherr die Emirate und im Juni wurde der Vertrag abgeschlossen. Er wunderte sich über sich selber: Als „Politiker" hatte er sein Berufsleben damit begonnen, durch politisches Handeln Regelungen für das Zusammenleben von Menschen zu erlassen, Unternehmen waren dabei eher Dämonen, die es zu bändigen galt. Und auf einmal begann er die Initiative von Unternehmern zu schätzen, die ohne endlose Beratungen in Kommissionen entschieden und handelten. Dabei wurde auch interkulturelles Neuland betreten: Ein Rechtsberater der Firma – irakischer Abstammung, mit einem Harvard Abschluß – hatte einen Vertrag der Firma in Dubai mit einem Unternehmen in England erarbeitet. Nach amerikanischer Rechtstradition war dieser Vertrag ein reiner Kampfvertrag, der davon ausging, der Gegenpartei keine Schlupflöcher zu lassen. Die Engländer weigerte sich, diesen „Knebelvertrag" zu unterschreiben. Als deutscher Muslim mußte Martin Vogtherr den Vertrag aber irgendwie zu Stande bringen. Er beauftragte deshalb einen anderen Firmenanwalt damit, den Vertrag neu zu formulieren. Dieser Kollege war ein Hindu, indischer Abstammung mit einem juristischen Abschluß aus Cambridge. Er war mit der britischen Rechtstradition vertraut. Und obwohl er den Vertrag in seiner Essenz nicht veränderte gelang es ihm, Formulierungen zu finden, die in England keinen Anstoß mehr erregten und sehr schnell unterschrieben wurden.

Zwischen dem irakischen und dem deutschen Muslim und dem indischen Hindu entstand deshalb kein Kulturkampf. Sie alle waren daran interessiert gewesen, einen guten Vertragsabschluss zu erreichen und hatten dabei ihren kulturellen Hintergrund so eingesetzt, dass das Ziel erreicht wurde.

SEIT 2001:
ZUSAMMENLEBEN STATT KAMPF DER KULTUREN

11. September 2001

Es war ein Morgen zu schön um wahr zu sein. Klarer tief-
blauer Himmel, strahlender Sonnenschein, vom See her weh-
te eine leichte Brise und trug salzigen Wassergeruch herüber.
Mit Freunden verbrachte Martin Vogtherr ein paar Tage auf
einem internationalen Seminar in einem kleinen Motel weit
abgelegen in den endlosen Wäldern im Norden der USA.
Nur wenige Frühaufsteher hatten sich mit ihm auf die Terrasse gesetzt, als die Welt einstürzte: Schreckensbleich kam der
Motelbesitzer aus der Bar und flüsterte mehr als dass er rief:
„Zwei Flugzeuge sind in das World Trade Center geflogen."
Alle sprangen auf, um in die Bar zu gehen, wo alle Fernsehge-
räte das gleiche Bild zeigten, die rauchenden Zwillingstürme
des World Trade Centers und die immer wiederkehrenden
Filme vom Aufprallen der beiden Flugzeuge. Fassungsloses
Entsetzen breitete sich aus und erfasste auch diejenigen, die
in der Zwischenzeit aufgestanden und in die Bar gekommen
waren. Und wenig später wurde das Ende „live" gesendet:
Beide Türme sanken kurz hintereinander in sich zusammen
und begruben tausende unschuldiger Opfer unter sich.

Jenseits aller rationalen Überlegungen war Martin
Vogtherr klar, dass dieser Tag das Ende der Sicherheit, des
unbeschwerten Fortschrittsoptimismus, des Glaubens an
eine natürliche bessere und friedlichere Zukunft war. Die
grenzenlose Trauer über diese Erkenntnis war ihm wohl ins
Gesicht geschrieben, denn ein Architekt aus Kalifornien trat
auf ihn zu, umarmte ihn und bot ihm an, dass Leid gemeinsam zu tragen.

Im Lauf des Tages boten die Veranstalter mehrere Bera-
tungsgruppen und nach Einbruch der Dunkelheit gab es am
Schwimmbad eine „Celebration of Life". In einer der Gruppen brach aus Martin Vogtherr die Frage heraus, ob man vielleicht verstehen könnte, wie er sich als Muslim fühle und dass
diese Tat sich durch nichts Religiöses rechtfertigen ließe. Auf
gut deutsche Art wollte er den Islam erklären und sich für das

Verhalten der Terroristen entschuldigen. Die Resonanz war überwältigend: Ein junger Jude aus Beverly Hills sprang auf und verkündete, man wolle hier durch den Zusammenhalt für eine jüdisch-islamische Friedensarbeit demonstrieren, andere kamen auf ihn zu und sagten, er müsse sich für seine Religion nicht entschuldigen und ein Guru der amerikanischen Psychologie nahm ihn beiseite und ließ ihn laut nachsprechen: „Es gibt viele Arten, Muslim zu sein".

Es entsprach diesem Geist der gemeinsamen Stärke, dass die Feier am Abend nicht der Trauer gewidmet war, sondern eine „Celebration of Life". Angehörige unterschiedlicher Konfessionen und Psychologen begannen die Feier mit dem indianischen Ritual der Anrufung der vier Himmelsrichtungen und der Menschen, die in ihnen leben. Auf einem großen Tisch lagen Früchte, Blumen, Papier, Bleistifte und Kerzen und auf der anderen Seite stand ein leerer Tisch, auf dem nur ein paar Kerzen brannten. Die Teilnehmer wurden gebeten, einen Gegenstand ihrer Wahl zu nehmen oder eine kurze Botschaft auf einen der Zettel zu schreiben und diese Gegenstände zu dem leeren Tisch zu tragen. Es sollten Bausteine und Gedanken für eine neue, bessere Welt sein. Einige taten dies stumm, andere sprachen kurze Gebete, jeder umarmte jeden und alle gaben einander Stärke. Über ihnen strahlte in völliger Klarheit der funkelnde Sternenhimmel des amerikanischen Nordens und wenn auch niemand wußte, wie es weitergehen würde, war es gut zu fühlen und zu wissen, dass sie diesen Weg gemeinsam gehen würden.

Zurück in Deutschland fragte sich Martin Vogtherr, was wohl der Grund war für diese Unbefangenheit, offen zu trauern und zu weinen und für die überwältigende Fähigkeit, sich gegenseitig zu trösten und zu stützen. Ihm wurde bewußt, dass diese Kraft aus einer starken eigenen Identität erwuchs, einer Identität, deren Wurzel „Freiheit" heißt, und eine Freiheit der Vielfalt meint, die jeden so akzeptiert wie er ist und ihn in seiner Individualität achtet. So fanden sich Menschen unterschiedlichster Herkunft, unterschiedlichsten Glaubens zusammen, um gemeinsam eines der brutalsten Ereignisse der Weltgeschichte zu überstehen.

* * *

Die Reaktion der USA und der Staaten der Erde ist bekannt. Als einfacher Bürger stellte sich Martin die Frage, was wohl über die militärische Antwort hinaus getan werden könnte, um diejenigen, die der westlichen Lebensart abneigend oder feindlich gegenüberstanden, davon zu überzeugen, dass der Westen weder Satan noch Erzfeind ist und die westliche Lebensweise eine Grundlage für das Leben in Freiheit und in Frieden sein kann. Er begann, die grundlegenden Begriffe der westlichen Welt und der östlichen Welt auf ihre wirkliche Bedeutung zu untersuchen, um herauszufinden, wie aus ihnen eine neue gemeinsame Sprache für die Zukunft geformt werden könnte. Denn nicht in Abgrenzung und „Reinhaltung" sah er die Chancen für eine gemeinsame Zukunft der Menschen in Frieden, sondern in der Verschmelzung und Fusion vieler Elemente zu einer neuen hybriden Form der Kultur in der sich alle wieder finden können. Eine weitere wichtige Grundlage sah er auch in einem allgemein akzeptierten Weltethos, wie es z. B. seit langer Zeit von Hans Küng propagiert wird. Der große deutsche Maler Georg Baselitz hatte vor einigen Jahren begonnen, Motive aus der Vergangenheit noch einmal zu malen. Er gab diesem Vorhaben den Namen „Remix": Für Martin Vogtherr war das der Anlass, seinerseits ein Remix-Projekt in Angriff zu nehmen: Alte Begriffe daraufhin zu untersuchen, ob sie die Bausteine für eine neue Welt sein könnten.

Er begann zu auch überlegen, wie eine Geschichtsschreibung aussehen könnte, die nicht als lineare Erfolgsgeschichte permanent die Überlegenheit des Westens darstellt, sondern umfassend und global alle Entwicklungen in einen globalen Kreislauf einbezieht. Denn, abgesehen von politischer Korrektheit oder Unkorrektheit, niemand hat es gerne, wenn das Gegenüber ständig auf seine entwicklungsgeschichtliche Überlegenheit pocht. Es lag ihm fern, positive Entwicklungen unter den Tisch fallen zu lassen, aber er hielt es für ehrlich und aufrichtig, auch die negativen Entwicklungen auf den Tisch zu legen.

Als nächsten Schritt begann er abzuklopfen, inwieweit alle goldenen Prinzipien des Westens und des Islams tatsächlich von ihren Anhängern umgesetzt, bzw. gelebt wurden. Denn auch hier gibt es eine unredliche Kampfordnung. Beide Seiten vergleichen jeweils ihr (positives) Ideal mit der (negativen) Realität der anderen Seite und leiten daraus Überheblichkeitsansprüche ab. Wenn er diese schiefe Schlachtordnung vielleicht nicht ändern konnte, wollte er wenigstens darauf aufmerksam machen.

Geschichten – Geschichte

Eines seiner Lieblingswörter war das englische Wort „Narrative". Dieses Wort der englischen Sprache bedeutet: Erzählung, Geschichte. Es steht neben dem Wort „history", das Geschichte im Zeitablauf bedeutet, wie wir sie gewöhnlich verstehen. Im heutigen Sprachgebrauch wird das Wort „narrative" auch als Kategorie gebraucht, um zu beschreiben, dass Menschen sich ihre eigenen Erklärungsmuster schaffen für das was sie erfahren – im persönlichen Leben, in religiöser Hinsicht und im politischen Alltag. Narratives können sich auf individuelle Personen beziehen, in der Regel sind sie Zusammenfassungen von einzelnen Erfahrungen zu kollektiven Schilderungen von Familien, Stämmen, Nationen. Oft findet dabei zugleich eine Koppelung an Grundsätze und Werte oder auch eine Ideologisierung statt.

In ihrem Buch „Der Mächtige und der Allmächtige – Gott, Amerika und die Weltpolitik" beschreibt die ehemalige US-Außenministerin Madeleine K. Albright in einem Abschnitt gleich zwei „narratives" des amerikanischen Volkes:

„Präsident Bush sagte bei seiner zweiten Amtsantrittsrede: ‚Seit dem Tag unserer Gründung haben wir erklärt, dass jeder Mann und jede Frau auf dieser Erde Rechte hat, Würde und einen einzigartigen Wert.' Er ließ unerwähnt, dass in den ersten 130 Jahren die Hälfte dieser Menschen mit einzigartigem Wert in den Vereinigten Staaten nicht das Wahlrecht besaßen; oder dass, ehe die amerikanische Zivilisation aufgebaut werden konnte, eine andere Zivilisation verdrängt werden mußte."[27]

Der positiven ideellen Narrative von Präsident Bush setzt sie die negative Narrative der tatsächlichen amerikanischen Geschichte entgegen: Das zeigt: Narratives müssen weder richtig noch vollständig sein, ein Gedanke, den wir im Kopf behalten sollten, wenn wir uns über Geschichtsschreibung unterhalten, denn auch für sie gilt, was wir für „narratives" festgestellt haben.

Wenn wir über Geschichte sprechen, haben wir zunächst in Erinnerung, was wir gelernt und gelesen haben. Wir gehen davon aus, dass das, was geschrieben steht auch so geschehen ist und dass die Bewertungen das, was sie bewerten, richtig erfassen. Wir machen uns selten klar, wie Geschichte entsteht: Menschen handeln, über diese Handlungen wird berichtet, daraus entstehen Geschichten und aus den Geschichten entsteht Geschichte. Geschichtsschreibung ist also das Werk von Autoren, die oftmals ihre ganz eigene Betrachtungsweise haben. Jeder, der mehr als ein Geschichtsbuch gelesen hat, erkennt, dass Geschichtsschreiber Ereignisse der Vergangenheit ganz unterschiedlich beschreiben und bewerten, ja sogar ganz verschiedene Ereignisse in den Mittelpunkt ihrer Erzählungen stellen und dafür andere Ereignisse ganz weglassen. Geschichtsschreibung hat also sehr viel mit dem Schreiben von Geschichten zu tun und je nach Ansichten, Einstellungen und Fähigkeiten des Autors fallen diese Geschichten ganz un-

---

[27] Madeleine K. Albright „Der Mächtige und der Allmächtige – Gott, Amerika und die Weltpolitik", Droemer, München 2006, S. 264.

terschiedlich aus. Ein besonders prägnantes Beispiel hierfür ist das Buch des italienischen Professors Franco Cardini „Europa und der Islam – Geschichte eines Missverständnisses", in dem er der allzu bekannten Geschichte des dauerhaften Krieges zwischen Europa und der islamischen Welt eine ganz andere Geschichtsschreibung gegenüberstellt – eine Geschichte in denen Muslime im Bündnis mit Christen gegen andere Muslime im Bündnis mit anderen Christen kämpfen und die These des andauernden Religionskriegs in sich zusammenfällt.

In einer Zeit, in der viele Menschen eine Konfrontation unterschiedlicher Kulturen sehen, voraussehen und vielleicht sogar herbeireden, müssen wir uns bewußt sein, dass nichts unabänderlich ist, dass wir selber es in der Hand haben, unsere Geschichte zu schreiben, Konflikte zu lösen, Krieg zu vermeiden und statt dessen friedlich im eigenen Land wie auf internationaler Ebene miteinander zu leben.[28]

Geschichte als lineare Entwicklung

Die Zeitrechnung der westlichen Welt ist eindeutig: Altertum, Mittelalter, Neuzeit, einem anderen Sprachgebrauch entsprechend werden die Worte: Prämoderne, Moderne, Postmoderne verwendet. Diese so natürlich und logisch erscheinenden Klassifizierungen beinhalten jedoch zugleich Grundannahmen, die einerseits den Westen von anderen Kulturen nicht nur abgrenzen und ihn auch als überlegen darstellen, sondern andererseits auch Fehlentwicklungen unterschlagen.

1)   Zunächst stehen diese Begriffe für einen zeitlichen Ablauf. Dieser wird als linearer Geschichtsverlauf interpre-

---

[28] Faszinierende Lektüre zu diesem Thema bietet: John Burrow, A History of Histories – Epics, Chronicles, Romances and Inquiries from Herodotus to the Twentieth Century, Allen Lane, London 2007

tiert, als eine positive Entwicklung von der Vorzeit in die Neuzeit.

2) Die lineare Geschichtsbetrachtung funktioniert zugleich als Abgrenzung: Staaten, die diese Entwicklung nicht gemacht haben, werden als unterentwickelt oder – etwas vornehmer – als weniger entwickelt bezeichnet.

3) Negative Entwicklungen, wie z. B. die Anwendung von Forschungsergebnissen zur Kriegsführung, fallen unter den Tisch.

4) Die Frage, ob nicht das Modell einer Geschichtsentwicklung in Form von Kreisläufen, das aus der islamischen Welt bekannt ist, der Realität mehr entspricht, wird gar nicht gestellt.

* * *

Auf die Frage nach unserem geistigen Standort wird jeder erwachsene Mensch in der westlichen Welt antworten: Wir leben in der Moderne, wir haben die Aufklärung als geistige Grundlage, wir sind wirtschaftlich entwickelt und fortschrittlich. Sie folgen damit einer Geschichtskonzeption, die in Deutschland z. B. durch Hegel entwickelt wurde:
„Die markanteste Konzeption einer linearen Geistesgeschichte stammt von Hegel. Dreierlei ist für sie kennzeichnend: (a) Die Geschichte ist ein Stufengang von unten nach oben. (b) Geographisch führt dieser von O-Asien nach W-Europa. (c) Inhaltlich folgt er dem systematischen Aufbau der Philosophie (Hegels)."[29]
Alleine durch die Definition der Wörter Moderne, Aufklärung und wirtschaftliche Entwicklung, ergibt sich, dass alle, die nicht zum Klub der westlichen Welt gehören, nicht in

[29] Elmar Holenstein, Philosophie-Atlas. Orte und Wege des Denkens. Amman Verlag, Zürich 2004, S. 48.

der Moderne leben – das ist die neutrale Beschreibung – die böswillige Feststellung lautet, diese Leute leben im finsteren Mittelalter. Ihnen fehlt die Aufklärung, sie sind nicht- oder unterentwickelt und schon gar nicht ist der Fortschritt bei ihnen eingezogen. Daraus folgt nun wieder, dass es eine Entwicklungspolitik des Westens geben muß, die den Menschen die Segnungen der westlichen Zivilisation bringt – eine Haltung, die sich nicht grundlegend unterscheidet von jener Haltung einer Kernfigur des Imperialismus, des Briten Disraeli, der den Auftrag Europas als „mission civilisatrice" begriff, als Verpflichtung, den Heiden die Zivilisation beizubringen. Hier sind wir wieder bei dem europäischen Zivilisationsbegriff, der ausschließt, von „nicht"-zivilisierten Menschen etwas lernen zu können.

Eine derartige Betrachtungsweise misst alle Erscheinungen anderer Regionen und Kulturkreise am westlichen Maßstab und macht es sich selbst unmöglich, andere Abläufe und Ereignisse unvoreingenommen zu bewerten. Ihre Anhänger kommen gar nicht auf die Idee „anderes" daraufhin zu untersuchen, ob es nicht vielleicht eine Entsprechung eines westlichen Tatbestandes ist. Und sie übersieht, dass es z.B. auch ganz andere Entwicklungsmodelle gibt, wie z.B. das zyklische Modell des islamischen Soziologen Ibn Chaldun. Ganz zu schweigen von der Frage, ob und wie viele Elemente der so genannten Vormoderne es vielleicht noch in der Moderne gibt, und inwieweit die so hochgeschätzten Prinzipien der westlichen Moderne überhaupt verwirklicht sind, bzw. inwieweit ihre Verwirklichung politisch durchgesetzt wird oder ob sie nicht nur zur Abgrenzung und zur eigenen Höherbewertung dienen.

Unabhängig von Sinn und Unsinn aller Debatten über politische Korrektheit ist eines klar: Die selbstgerechte Darstellung einer ausschließlich positiven Entwicklung zum Fortschritt („zur Sonne, zur Freiheit") wirkt auf alle jene, die nicht zu diesem Klub gehören abstoßend. Eine Einstellung, die um Verständnis und Akzeptanz wirbt, sieht anders aus.

Sie muß ehrlich und offen sein und über Fehlentwicklungen genauso berichten, wie über Erfolge.

Vormoderne, Moderne und Postmoderne im Mix

Traditionelle Darstellungen von Entwicklungen lassen auch meistens außer Acht, das Modernes nicht alles Frühere ersetzt: Wir leben national und international in einer Welt, die durch den Mix von Emotionen, Denkweisen und Einstellungen aus unterschiedlichsten Zeiten besteht. Die Konservativen – obwohl natürlich Anhänger der Moderne – wollen bewahren, die Progressiven wollen verändern. Aber beide müssen erkennen, dass sich Entwicklungen nicht aufhalten lassen und dass Entwicklungen auch mehr oder weniger grandios scheitern können, wie die vielfältigen utopischen Lebens- und Gesellschaftsentwürfe gezeigt haben.

„Die Guternährten nehmen den Schwachen die Rationen ab – hier herrscht das Gesetz des Stärkeren‚ sagt auch Steffan Rottcher, der für das Welternährungsprogramm WFO der Vereinten Nationen in Ajiep arbeitet."[30]

Wenn man in der westlichen Welt Äußerungen wie diese liest, ist man geneigt selbstzufrieden zu denken, wie schön es doch ist, dass wir weiter entwickelt sind, dass bei uns nur noch der Staat das Gewaltmonopol hat und rohe brutale Gewalt zur Ausnahme geworden ist. Doch stimmt das denn wirklich? Was hat sich denn geändert? Gibt es das Recht des Stärkeren nicht nach wie vor? Wie ist es mit der wirtschaftlichen Macht (auch wenn es gewerkschaftliche Gegenmacht gibt) und wie ist es mit der politischen Macht, ist die Mehrheit der Stimmen, die eine Voraussetzung für die Regierungsfähigkeit ist, nicht das Recht des Stärkeren – nur in einer anderen ritualisierten und gebändigten Form?

---

[30] Wolfgang Kunath, „Zwei Jahre alt, viereinhalb Kilo schwer" in: Stuttgarter Zeitung, 3. 8. 1998.

Die Vergangenheit um und in uns

In unserer modernen, bzw. postmodernen Welt umgibt uns viel Vormodernes, ohne das wir uns dessen bewußt sind. So beschreibt Joseph Rovan z. B. die Institution der munt:

„Die Institution der munt, durch die ein Mann sich den Schutz seines Herrn unterstellt und ihm dafür Gefolgschaft schwört, diese Vorstellung wechselseitiger Pflichten – Schutz und Treue – die aus dem germanischen Recht stammt, verbreitet sich in ganz Westeuropa, weil sie die beste Antwort auf die Herausforderung der geschichtliche Situation darstellte. Die Idee des Staates und der Verwaltung nach römischem Vorbild verschwand aus dem öffentlichen Leben, und nur die Kirche bewahrte Teile der alten Strukturen innerhalb ihrer Hierarchie."[31]

Wenn man diese Zeilen liest, muß man sich fragen, ob sich nicht eigentlich herzlich wenig verändert hat. Sind Menschen heute etwa weniger abhängig als zu den Zeiten der Munt? Hat sich nicht viel mehr Altes neben dem Neuen gehalten hat und tritt nicht auch Altes einfach in neuem Gewand auf? Hat nicht der Autor Tilman Evers Recht, wenn er feststellt:

„Mit ihrer ,corporate identity' kleiden Großkonzerne sich in die Wappen und Farben von Ritterhäusern."[32]

Ist der Arbeiter heute weniger abhängig als sein Vorfahr, der Leibeigener auf der Scholle war?

Prämodern, modern und postmodern

Es mag tröstlich sein, dass über diese Fragen selbst zu Zeiten Helmut Kohls im Kanzleramt nachgedacht wurde, wie ein Artikel von zwei Beratern des Kanzlers zeigt, die von einer neuen Spaltung der Welt in drei Teile berichten, in der zeitgleich existieren:

[31] Joseph Rovan, a.a.o., S.50.

[32] Tilman Evers, Auf dem Weg zum postmodernen Imperium?, in: Frankfurter Allgemeine Zeitung, 7. 10. 1997, S. 12.

„...eine ‚prämoderne Welt' (zum Beispiel Somalia, Afghanistan, Jugoslawien); eine moderne Welt souveräner Einzelstaaten, in der die staatlichen Systeme der Machtausübung überleben; und drittens eine postmoderne Welt – vor allem im eingangs beschriebenen wirklich märchenhaften Westeuropa."[33]

Doch diese Strukturen gelten nicht nur in den Ländern, die hier erwähnt werden, sondern Elemente aller dieser drei Zeitebenen sind z.B. auch in Deutschland (unserer postmodernen Welt) erhalten

„Verwurzelung in der „prämodernen" Heimat, Bekenntnis zum modernen Staat wie zur supranationalen Zukunft umspannen auf ihrer Weise die drei Welten."[34]

Leider ist der Hinweis auf die Autoren im Abspann des Artikels verräterisch. Er lautet: „Die Autoren Michael Mertes und Hubertus von Moor sind im Kanzleramt tätig. Sie geben hier ihre persönliche Meinung wieder."

Entwicklung oder Paradigmenwechsel?

Etwas hat sich in der Tat geändert, Menschen im Westen können sich leichter von ihren Herrschern befreien. Die Amerikaner tun das konsequent aus eigenem Willen so gut wie alle vier Jahre – die Wiederwahl eines Präsidenten ist eher die Ausnahme als eine Regel. Und wenn sie es nicht nach der ersten Amtsperiode getan haben, schreibt die Verfassung die Wachablösung nach der zweiten Periode zwingend vor. (In Deutschland sieht das allerdings etwas anders aus.)

Was die Frage des Kriegs und der militärischen Auseinandersetzung angeht, hat sich allerdings wenig geändert. Wir sprechen zwar statt von Krieg lieber von Wettbewerb – besonders im Bereich der Wirtschaft. Doch wenn etwas schief

---

[33] Michael Mertes und Hubertus von Moor, Linke, rechts drehend, in: Frankfurter Allgemeine Zeitung, 20. April 1994.

[34] Michael Mertes und Hubertus von Moor, a.a.o.

151

läuft, sind wir selbst im Bereich der Wirtschaft schnell dabei mit dem Wort Handelskrieg. Auch was die Begründung für Kriege angeht, hat sich nicht viel geändert: Der Westfälische Friede wird zwar gefeiert als das Ende religiöser Begründungen für Kriege, doch an die Stelle der Religionen sind die Nationen getreten und im Rahmen nationaler Kämpfe um Macht und Vorherrschaft sind im zwanzigsten Jahrhundert Zig-Millionen von Menschen geschlachtet worden.

Eine Ordnung für alle(s)?

Die traditionelle Theorie sagt: „Wir brauchen eine Ordnung, nach der alle Bereiche unseres Zusammenlebens geordnet sind." In der westlichen Doktrin sind die Kriterien dieser Ordnung: Freiheit, individuelle Verantwortlichkeit, Demokratie, Wettbewerb, Marktwirtschaft, privates Eigentum, Rechtsstaatlichkeit. Im Idealfall ist ein Staat demokratisch verfasst, es gibt Privateigentum und die Wirtschaft ist marktwirtschaftlich organisiert. Das Gegenmodell ist ein zentralistischer Staat, ohne Demokratie und Privateigentum, und mit einer planwirtschaftlich organisierten Wirtschaft. Beide Seiten hatten in Deutschland vehemente Verfechter. Heute gilt das demokratisch-marktwirtschaftliche Modell nicht nur in Deutschland, besonders in den Vereinigten Staaten wird es als das allein selig machende propagiert, das es weltweit zu exportieren gilt. (Doch selbst hier existiert es nicht in seiner reinen Form, wie durch die immer wiederkehrenden Eingriffe der Bundesregierung bei der Gefahr großer und für die Volkswirtschaft schädlicher Pleiten deutlich wird.)

In der Realität hat es aber bereits in der theoretischen Diskussion immer unterschiedliche Ansätze gegeben. So wurde z. B. in den 70 Jahren des 20. Jahrhunderts in Deutschland vehement für eine „Demokratisierung" der Wirtschaft und anderer Institutionen, wie z. B. der Universität gerungen, d. h. das Demokratiemodell sollte in allen Bereichen der Gesellschaft eingeführt werden. Die Gegner dieser Ansicht setzten sich jedoch durch. Das Ergebnis: Demokratie ja, aber nicht für alle Bereiche.

* * *

Heute zeigt sich weltweit eine ganz andere Entwicklung, in der ganz andere Kombinationen von Markt, Besitz und Mitbestimmung (bzw. deren Abwesenheit) entstanden sind. Sie zeigen: Marktwirtschaft und Kapitalismus können auch in einer nicht freiheitlichen, staatlichen Ordnung florieren, wie z. B. China, einem Land mit kommunistischer Einheitspartei, und Dubai, einem Emirat in der Art früherer deutscher Kleinfürstentümer. Es mangelt in diesen Ländern an Demokratie, Menschenrechten und Pressefreiheit, und in der Politik in Deutschland gibt es sehr unterschiedliche Meinungen darüber, ob und wie man sich einmischen sollte: Altbundeskanzler Helmut Schmidt hat sich wiederholt gegen eine Einmischung ausgesprochen, Bundeskanzlerin Angela Merkel dagegen tut es. Die Gegenseite reagiert dann ebenfalls nach einem klaren Schema. Und so ergibt sich die folgende Konfrontation: China wird wegen seiner Haltung im Dhafur Konflikt von Westen kritisiert und weist diese Kritik mit dem Hinweis auf die Unterstützung von Saudi Arabien durch die USA zurück.

Auch dieses ein Argument für die Feststellung, dass jeder nur glaubwürdig für etwas eintreten kann, was er auch selber praktiziert.

Geschichte als Kreislauf

Auch wenn viele Menschen in der westlichen Welt heute an ihrer eigenen Fortschrittsgläubigkeit zweifeln, halten sie immer noch am linearen Entwicklungsmodell fest: immer weiter in einer Richtung, immer zu weiterem Fortschritt. Es ist das

Vehikel sich für besser als die anderen, „Zurückgebliebenen" zu halten und ein Mittel, Distanz zu erzeugen. Darüber hinaus gilt noch das Prinzip der „Unumkehrbarkeit": Für Helmut Kohl z. B. gilt die europäische Einigung als unumkehrbar, für einen Politiker, der immer stolz auf seine historischen Kenntnisse war, eigentlich eine Unmöglichkeit, denn nichts ist in der Politik und Geschichte von ewiger Dauer.

Nur wenige Kenner der arabischen Geschichte wissen, dass es ein anderes „Entwicklungsmodell" gibt: das Modell der Zyklen in denen sich Nomaden und städtische Zivilisationen begegnen, Nomaden, die die Städte erobern, ihrerseits sesshaft werden, um dann von neuen hungrigen Nomaden wieder vertrieben zu werden.

Der große arabische Historiker und erste Soziologe der Geschichte, Ibn Chaldun, der von 1354 bis 1363 in der Stadt Fez lebte und lehrte, beschrieb den Konflikt zwischen Nomaden und sesshaften Menschen als treibende Kraft der Geschichte und identifizierte damit – neben ökonomischen und weltanschaulichen „Beweggründen" – einen Ursprung für zyklische Entwicklungen:

„…das politische Schicksal der Völker, die zwischen dem Mittelmeer und den großen Wüsten des entfernten Asiens, Arabiens und Afrikas leben, wird durch den Gegensatz von Nomaden und Sesshaften bestimmt. Die Wüste ist das sich nicht ändernde Königreich der wandernden Hirten, die wegen ihres harten Existenzkampfes immer am Anfang bleiben, so dass ihre ursprünglichen Fähigkeiten, der Mut, die Wachsamkeit, der Gemeinschaftssinn nie schwinden. Jegliche Überbevölkerung, die die Wüste nicht ernähren kann bewegt sich zu den fruchtbaren Gebieten, in deren Mitte die Städte liegen. Die Stadt ist der perfekteste Ausdruck der sesshaften Lebensform und das natürliche Ziel der Kultur, denn nur dort können sich Wissenschaft, Kunst und Handel voll entwickeln; gleichzeitig ist die Stadt jedoch der Ort des Niedergangs, so dass Städte früher oder später das Opfer nomadischer Eroberer werden. Und so hat die Entwicklung aller Völker dazu geführt, dass Staaten und Imperien, die in der Wüste gegründet wurden, in der Stadt ihren Niedergang fanden."[35]

Die arabisch-islamische Welt bewertet die Stadt also einerseits sehr hoch, doch andererseits unterschätzt sie auch nicht die Gefahren des Verfalls: Nach Ibn Chaldun findet die perfekte Lebensweise der Menschen ihren Höhepunkt nicht in der einseitigen Entwicklung eines sesshaften Lebens, sondern vielmehr in einem Gleichgewicht zwischen Nomadentum und Sesshaftigkeit.

„Die Stadt ist in der Tat ein Kristall, nicht nur in übertragenem Sinn, sondern auch der Form nach: Sie ist der doppelte Aspekt von Perfektion und Unbeweglichkeit, und beide tragen den Tod in sich. Damit die Stadt nicht stirbt oder innerlich verkommt, muß sie beständig durch den nomadischen Einfluß genährt werden. Auf der anderen Seite müssen die Beduinen an dem geistigen Einfluß teilhaben, der der Stadt entströmt. Wenn dieses Gleichgewicht gestört wird, erstickt die Kultur der Stadt entweder durch geistige Inzucht oder sie wird von den Nomaden überrannt."[36]

Dieses Modell unterscheidet sich in interessanter und entscheidender Weise von der Deutung, die die europäisch-christliche Welt der Stadt und damit der Zivilisation gibt: Für Europäer heißt das alleinige Ziel: Entwicklung der Zivilisation (und damit der Stadt) und nicht, die Balance zwischen nomadischem und sesshaftem Leben herzustellen. Die Zivilisierung des Menschen ist das einzige Ziel der europäischen Renaissance und besonders des französischen Rationalismus.[37]

Diese Einstellung hat durch die ganze Geschichte Europas in seinem Verhältnis zur restlichen Welt – bis hin zur Begründung unserer heutigen Entwicklungs-„Zusammenarbeit" – Folgen gehabt: Wer nicht so zivilisiert war wie die Europäer,

---

[35] Titus Burckhardt, FEZ – City of Islam, The Islamic Texts Society, Cambridge 1992, S. 11.

[36] Burckhardt, a.a.o., S. 23f.

[37] Vgl., Burckhardt, a.a.o., S. 23f.

155

dem mußte in einer „mission civilisatrice" die Zivilisation beigebracht werden. Erst heute setzt sich langsam der Gedanke durch, dass es den Gegensatz zwischen entwickelten und nicht entwickelten Länder nicht gibt: Alle Länder sind entwickelt, manche mehr und manche weniger, manche in positiver Hinsicht und manche mit negativen Auswirkungen. Es war ein langer Schritt bis zu einer Aussage wie der folgenden aus einer Veröffentlichung der Deutschen Gesellschaft für Technische Zusammenarbeit (GTZ):

„Industrialisierte Nationen lernen langsam, dass der westliche Lebensstil keine Meßlatte für die Welt ist. Er ist kein geeignetes globales Modell für ein nachhaltiges wirtschaftliches System mit Zukunftsperspektive.[38]

Die geistigen Koordinaten dieses europäischen Entwicklungsmodells haben sich nicht nur in den Beziehungen zu anderen Ländern niedergeschlagen. Es handelt sich vielmehr um ein generelles Prinzip unseres heutigen deutschen Lebens, das nicht zuletzt auch im Bereich der Politik gilt. So waren die Westdeutschen in Bezug auf die Ostdeutschen die Besserwessies. Offen zu sein, von anderen zu lernen, zu akzeptieren, dass auch andere etwas Positives entwickelt haben, fällt keinem so schwer, wie dem Deutschen. So ist es nur logisch, wenn auch eine Partei wie die CDU für ihre Mitglieder die „Zivilisation" ist, die es durch Geschlossenheit und Linientreue zu verteidigen, zu erhalten gilt. In der theoretischen Wunschvorstellung besteht vielleicht noch die Einsicht, dass die Partei mit dem Volk verbunden und modern, d.h. auf der Höhe der Zeit sein sollte. Aber wenn es darum geht, neue Gedanken aufzunehmen, ist die Tendenz, das alte zu behalten und das neue als „Zeitgeist" abzutun meistens übermächtig. Und so verkörpert auch die CDU zu Beginn des Jahrtausends eher eine europäische Art der geschlossenen Stadt als ein arabisches Modell einer Zivilisation, die sich immer wieder durch nomadische Element bereichern lässt.

---

[38] in: GTZ – Your Partner for EXPO 2000, Eschborn 1997, S. 11.

Aufklärung, Säkularisation, Menschenrechte –
Theorie und Praxis

Wer als Weißer im Westen erzogen wird, dem werden durch seine Erziehung klare Koordinaten mitgegeben: In der Periode der Aufklärung wurde der Mensch aus seiner selbstverschuldeten Unmündigkeit befreit. Aufklärung wird hierbei positiv bewertet und es wird nicht hinterfragt, ob auch sie Schattenseiten hat, wie z. B. durch die Klassifizierung von Bernhard Lewis angeschnitten wird:

„Im 19. Jahrhundert waren zwei Richtungen vorherrschend, manchmal in Eintracht, oft in Konflikt miteinander: der radikale Liberalismus der Französischen Revolution und der autoritäre Reformismus der Aufklärung."[39]

Die Religion wurde in die Privatsphäre verwiesen, durch die Säkularisation wurden Staat und Kirche getrennt, Religionsfreiheit gewährt. Nach der Deklaration der Menschenrechte waren alle Menschen gleich geschaffen und durch die Einführung der Demokratie alle am Willensbildungsprozess beteiligt und Minderheiten geschützt. Das System ist klar und logisch und es gibt seinen Anhängern das positive Gefühl, ihre weltgeschichtliche Entwicklung gemeistert zu haben – besser als alle anderen auf der Erde.

Sicher gibt es innerhalb der Mehrheit Nachdenkliche, die sich fragen in wie weit dieses System tatsächlich stimmt, bzw. in die Realität umgesetzt ist. Aber man muß vielleicht, wie Martin Vogtherr, den Schritt aus der Mehrheit heraus in eine Minderheit gemacht haben, um nicht nur die vielen Brüche und Ungereimtheiten theoretisch zu erkennen, sondern auch praktisch am eigenen Leib zu erfahren, wie wenig vom Versprechen der Aufklärung tatsächlich gehalten und wie wenig von den Prinzipien der Menschenrechte und Gleichheit der

---

[39] Bernhard Lewis, Der Atem Allahs / Die Islamische Welt und der Westen / Kampf der Kulturen, Europaverlag Wien – München 1994, S. 60

Menschen tatsächlich in den vergangenen zwei Hundert Jahren umgesetzt worden ist.

Schon am Beispiel der Behandlung der Muslime in Deutschland lässt sich viel über die tatsächliche Religionsfreiheit lernen. Laut Verfassung ist die Religionsfreiheit ein Grundrecht und die Freiheit der Religionsausübung wird garantiert. Jeder Jurist, der dieses Recht bestätigt, wird aber sofort darauf hinweisen, dass es „natürlich" andere konkurrierende Rechte gibt. Will nun z.B. eine Lehrerin, die sich das Recht nimmt, das Tragen eines Kopftuches als ein Gebot ihrer Religion zu empfinden, mit diesem Kopftuch vor eine Schulklasse treten, wird sofort die negative Religionsfreiheit der Schüler angeführt, die es vor dem Anblick des Kopftuches zu schützen gilt. Doch damit nicht genug: In einem Rechtsstreit, in dem eine Kopftuch tragende Lehrerin auf Einstellung in den Schuldienst klagte, wurde entschieden, dass die untergeordnete Pflicht zur Neutralität im Schuldienst einen höheren Rang habe als das Grundrecht auf freie Religionsausübung. Das mag für Juristen verständlich sein. Einem Bürger, der gelernt hat, dass der Grundrechtekatalog die Grundlage der deutschen Demokratie beschreibt, ist das eher schwer vermittelbar.

* * *

Waren die beiden oben dargestellten Fälle nur Beispiele für die aktuelle Auseinandersetzung um die Religionsfreiheit für Muslime in Deutschland, so gibt es bei genauerem Hinsehen in allen Bereichen der Aufklärung, des Zeitalters der Vernunft, von Menschenrechten und Demokratie von Anfang an Brüche und Inkonsistenzen, die nicht unerwähnt bleiben können.

Die Widersprüche fangen bei den Gründungsvätern der modernen Welt an: George Washington z.B. war einer der Erfinder und Formulierer der Menschenrechte, aber es war für selbstverständlich, Sklaven zu halten.

Menschenrechte und Demokratie wurden im Westen als die großen kulturellen Fortschritte gefeiert. Sie wurden aber nicht in alle Welt exportiert, sondern stattdessen mußte der Rest der Welt Kolonialismus und Unterdrückung über sich ergehen lassen – gebracht von den Mächten, die sich als aufgeklärt bezeichneten und heute den ehemals Unterdrückten vorwerfen, dass sie nicht demokratisch organisiert sind.

Das Zeitalter der Vernunft wurde ausgerufen und in der Folge ein Krieg nach dem anderen geführt.

Die Trennung von Kirche und Staat durch die so genannte Säkularisation und die vermeintliche Vertreibung des religiösen in die Privatsphäre werden als große Befriedung angesehen, da dadurch das Ende der Religionskriege gekommen war, denn niemand konnte von nun ab mehr unter religiösem Vorwand zu den Waffen greifen. Schnell machte aber die Erfindung des Nationalismus die Blütenräume des Friedens zu Nichte und grausamere Kriege als je zuvor wurden und werden geführt. Nur wenigen ist bekannt, dass es auch in der islamischen Welt de facto seit über Tausend Jahren eine Trennung von religiöser und stattlicher Autorität gibt. Nur die ersten vier Kalifen, sie werden die „rechtgeleiteten" genannt, hatten z. B. laut dem Urteil des Religionsgelehrten Taher Jabir Al-Alwani tatsächlich auch eine religiöse Legitimation.

Die Selbstbestimmung der Nationen wurde ausgerufen, aber gegen Ende des Jahrtausends wurde im internationalen Rahmen sichtbar, dass nur diejenigen sich selbst bestimmen dürfen, denen es von den Großmächten erlaubt wird.

Lauthals – allen voran die CDU – wurde gefordert, dass die UdSSR die Ausreise ihrer Dissidenten zulassen solle. Aber andererseits hatte die CDU die größten Schwierigkeiten, Asylbewerber nach Deutschland hineinzulassen. Besonders stolz sind wir darauf, dass in Deutschland die Freiheit der Meinungsäußerung besteht. Die Zensur in anderen Ländern wird kritisiert. Aber bestimmte Äußerungen sind auch bei uns strafbar.

Auf einen letzten großen Widerspruch macht Meinhard Miegel aufmerksam: Er stellt fest, dass die Entwicklung im Westen darauf beruht, dass die Menschen sich konsequent von der Botschaft des Christentums abgewendet haben:

„Unter Rückgriff auf antikes Gedankengut wandten sich die bis dahin so jenseitig orientierten Europäer nunmehr dem Diesseitigen mit eines Ausschließlichkeit zu, wie dies zuvor wohl noch keine Zivilisation getan hatte. Die Konflikte, die mit diesem Wechsel der Sichtweise einhergingen, waren beträchtlich. Eine Zeit lang schien es, als zerbrächen die Europäer an ihnen. Doch schließlich lösten sie sie. Von den sieben Tagen der Woche stellten sie sechs in den Dienst Mammons. Ein Tag blieb den alten Gottesdiensten gewidmet. Dann verwiesen sie alles Religiöse in den Privatbereich. Wer wollte, konnte jetzt die ganze Woche, das ganze Jahr über materielle Wohlstandsmehrung betreiben. Inzwischen ist der christliche Wertekanon, der rund ein Jahrtausend lang die Europäer prägte, für die meisten nur noch eine ferne Erinnerung. Und oft nicht einmal mehr das. Das Leben gehört ungeteilt und ungeschmälert Diesseitigem. Es kreist um die Befriedigung materieller Bedürfnisse.

Nirgendwo offenbart sich das Scheitern des Christentums brutaler als hier. Der irdische Ankerpunkt dieser Religion, Jesus von Nazareth, lebte und lehrte völlige materielle Bedürfnislosigkeit. In wenigen Punkten sind die biblischen Berichte über ihn so eindeutig wie diesem."[40]

* * *

Der unkomplizierte Umgang mit Muslimen ist trotz grundgesetzlich garantierter Religionsfreiheit noch nicht Alltagswirklichkeit geworden. Denn trotz vermeintlicher Säkularisation definiert sich Deutschland immer noch an erster

---

[40] Meinhard Miegel, Epochenwende – Gewinnt der Westen die Zukunft? Propyläen Verlag, Berlin 2005, S.105f.

Stelle als Teil des christlichen Abendlandes. Das Christentum wird vielleicht deshalb so konsequent verteidigt, weil es sich nur sehr schwer in Deutschland durchsetzen konnte. Rovan spricht in seiner „Geschichte der Deutschen" von der Inkompatibilität der Deutschen, der Germanen, mit dem Christentum und dann von der schweren Aufgabe des Christentums in Deutschland, die Botschaft der Liebe durchzusetzen.

„Das Bild, das die Germanen durch ihre Mythen und Sagen von sich selbst geben, macht die Schwierigkeiten verständlich, die ihrer Christianisierung im Wege standen. Es bedurfte gewaltiger innerer und äußerer Umwälzungen, ehe die Vorstellung von einem liebenden und leidenden Gott, die Idee der Barmherzigkeit und Nächstenliebe sich Eingang in eine Welt verschaffen, die von Kampflärm erfüllt war und in der es nur Ehre oder Schmach gab. Die germanischen Mythen und Sagen charakterisieren ein Volk, das tief in einer harten und kargen Natur verwurzelt ist. Es ist eine Welt, in der Geister und verborgene Kräfte walten, in der Zwerge und Riesen wohnen, aber keine Sylphen und Musen. Indessen genießen die Frauen ein größeres Ansehen und nehmen eine höhere Stellung ein als in der mediterranen Zivilisation. Die kämpferischen und herrischen Germaninnen lassen sich in kein Gynäkeion einsperren. Der Widerstand der königlichen Jungfrau Brunhilde wird erst durch übernatürliche Kräfte und Siegfrieds Zaubergürtel gebrochen."[41]

Hat das Bild eines liebenden und leidenden Gottes tatsächlich als Botschaft Eingang in die deutsche Seele gefunden? Ist das Christentum überhaupt eine Botschaft der Liebe und hat es als solche gewirkt? Wer die deutsche Geschichte kennt, darf berechtigte Zweifel daran haben, dass sie eine Geschichte der gelebten Liebe ist. In Deutschland gab es die ersten Pogrome auf dem Weg nach Jerusalem. Christen haben sich untereinander dreißig Jahre lang gemetzelt, als eine Gruppe glaubte die Religion anders interpretieren zu müssen

---

[41] Joseph Rovan, a.a.o., S. 27f.

als andere. (Hat es so etwas im Islam je gegeben?) Es ist zu hoffen, dass der Religionskonflikt im Irak sich nicht zu einem dreißigjährigen Krieg der Muslime ausweitet. Natürlich ging es dabei auch immer um Territorien und Macht, aber auch der ehrliche religiöse Impuls darf den Kämpfenden nicht ganz abgesprochen werden, zumindest hat die Religion der Liebe diese Kämpfe nicht verhindert.

* * *

Die gesamte deutsche Geschichte ist geprägt von einer geradezu innigen Beziehung (im negativen wie im positiven Sinn) zwischen kirchlicher und weltlicher Macht. Muslime haben es in Deutschland besonders schwer, weil Deutschland das Heilige Römische Reich Deutscher Nation war. Denn in Deutschland wurde nicht nur der Kampf der „zwei Schwerter" ausgefochten, der Kampf zwischen weltlicher und geistlicher Macht, für den der Gang nach Canossa steht. Davor lag die enge Verknüpfung der Begriffe „heilig" und „römisch" und „Reich", deren letzter nach dem Zweiten Reich von Versailles uns bis zum „Dritten Reich" unheilvoll begleitet hat. Rovan schreibt:

„Die kaiserliche Autorität erstreckte sich in der Theorie (und diese Theorie wurde vor allem in den Kanzleien Friedrich Barbarossas und Friedrichs II. ausgearbeitet) auf den ganzen Erdkreis, dergestalt, dass das einzelne Recht jedes Individuums, jedes Volkes und jedes Königreichs in einer universalen Rechtsordnung aufgehoben sein sollte. Das Reich war „heilig", da unmittelbar dem Willen Gottes entsprungen wie das davidische Königtum Karls des Großen, es war „römisch", da es das Imperium Romanum fortsetzte und es war „deutsch", da nach päpstlichem Spruch das deutsche Volk zum Träger der translatio imperii auserkoren war (der Ausdruck „Heiliges Römisches Reich Deutscher Nation" erscheint erst im 15. Jahrhundert, als das Reich schon im Niedergang begriffen ist)."[42]

Wen wundert es, dass bei dieser Konstellation – Säkularisierung hin und Aufklärung her, für deutsche Politiker immer noch das christliche Abendland eine bestimmende Größe ist?

Es ist interessant, dass ausgerechnet zwei Päpste positive Akzente gesetzt haben: Johannes und Benedict.

Die Haltung der offiziellen katholischen Kirche gegenüber den Muslimen hat sich im 20. Jahrhundert grundlegend verändert, wie das zentrale Dokument des Zweiten Vatikanischen Konzils und eine Rede von Papst Johannes zeigen:

„Mit Hochachtung betrachtet die Kirche auch die Muslime, die den alleinigen Gott anbeten, den lebendigen und in sich seienden, barmherzigen und allmächtigen, den Schöpfer Himmels und der Erde, der zu den Menschen gesprochen hat. Sie mühen sich, auch seinen verborgenen Ratschlüssen sich mit ganzer Seele zu unterwerfen, so wie Abraham sich Gott unterworfen hat, auf den der islamische Glauben sich gerne beruft. Jesus, den sie allerdings nicht als Gott anerkennen, verehren sie doch als Propheten, und sie ehren seine jungfräuliche Mutter Maria, die sie bisweilen auch in Frömmigkeit anrufen. Überdies warten sie auf den Tag des Gerichts, an dem Gott alle Menschen auferweckt und ihnen vergilt. Deshalb legen sie Werte auf sittliche Lebenshaltung und verehren Gott durch Gebet, Almosen und Fasten."[43]

„…und nicht alle Gäste in diesem Land sind Christen; eine besonders große Gruppe bekennt sich zum Islam. Euch gilt mein herzlicher Segensgruß! Wenn ihr mit aufrichtigem Herzen Euren Gottesglauben aus Eurer Heimat hierher in ein fremdes Land getragen habt und hier zu Gott als Eu-

---

[42] Rovan, a.a.o., S. 86

[43] Aussagen des II. Vatikanischen Konzils, zitiert nach: Khoury/ Hagemann/Heine, Islam-Lexikon, Band II, Herder, Freiburg 1991, S.431.

rem Schöpfer und Herrn betet, dann gehört auch ihr zu der großen Pilgerschar von Menschen, die seit Abraham immer wieder aufgebrochen sind, um den wahren Gott zu suchen und zu finden. Wenn Ihr Euch auch in der Öffentlichkeit nicht scheut zu beten, gebt Ihr uns Christen dadurch ein Beispiel, das Hochachtung verspricht. Lebt Euren Glauben auch in der Fremde und lasst ihn Euch von keinem menschlichen oder politischen Interesse missbrauchen."[44]

An diese Aussagen sollten sich auch Kardinal Meißner und der Vorsitzende der Deutschen Bischofskonferenz, Pater Langendörfer, halten, die 1998 durch ihre Aussagen gegenüber dem Islam und den Muslimen aufgefallen sind: So geißelte Kardinal Meißner „politische Gruppierungen mit christlicher Firmierung, die jüdische und muslimische Mitbürger aufnehmen". Diese, so der strenge Bischof, begingen „Etikettenschwindel". (zitiert nach Die Woche, 16. Januar 1998, S. 29) Langendörfer lehnte (ebenfalls in Die Woche) die Institutionalisierung des Islam als Körperschaft des Öffentlichen Rechts mit der Begründung ab, daß damit den radikalen Tür und Tor geöffnet würde.

Und es war der deutsche Papst Benedict, der eine Äußerung getan hat, die eine Brücke schlägt, zwischen europäischer Kultur und anderen Kulturen und zugleich feststellt, dass es innerhalb von Kulturen keine Einheitlichkeit gibt:

„Bevor ich versuche, zu Schlussfolgerungen zu kommen, möchte ich die eben gelegte Spur noch ein wenig ausweiten. Interkulturalität erscheint mir heute eine unerlässliche Dimension für die Diskussion um die Grundfragen des Menschseins zu bilden, die weder rein binnen-christlich noch rein innerhalb der abendländischen Vernunfttradition geführt werden kann. Beide sehen sich zwar ihrem Selbstverständnis nach für universal an und mögen es de iure auch sein. De facto müssen sie anerkennen, dass sie nur in Teilen der Menschheit verständlich sind. Die Zahl der kon-

---

[44] Papst Johannes Paul II. auf dem Domplatz in Mainz, zitiert nach Khoury, a. a. o., S. 431ff.

kurrierenden Kulturen ist freilich viel begrenzter, als es auf den ersten Blick erscheinen mag.

Vor allem ist wichtig, dass es innerhalb der kulturellen Räume keine Einheitlichkeit mehr gibt, sondern dass alle kulturellen Räume durch tief greifende Spannungen innerhalb ihrer eigenen kulturellen Tradition geprägt sind."[45]

* * *

Es war wieder ein Besuch in den Wäldern nördlich von San Francisco, der Martin Vogtherr Klarheit verschaffte. Bei einem Spaziergang mit Amie sprachen sie über die unterschiedlichen Geschichtsbilder und die unterschiedlichen Leitbilder, auf deren Grundlage sie sich entwickelten. Und mit einmal wurde es Martin Vogtherr bewußt, dass alle schönen Worte der westlichen Welt, aber auch die Botschaft des Koran Visionen sind, Offenbarungen, die erst dann zur Realität werden, wenn man sie tatsächlich lebt.

Konzeption und Realität, Offenbarung und Wirklichkeit dürfen nicht gleichgesetzt werden. Weder darf von einer schlechten Realität auf eine schlechte Quelle geschlossen werden, noch kann man davon ausgehen, dass eine gute Quelle oder gute Absichten automatisch eine gute Realität und bessere Menschen hervorbringen. Menschen dürfen sich nicht wegen ihrer guten Botschaften umbringen, sondern müssen sich aufgrund ihrer Umsetzung bewerten lassen. Und wenn es jemals eine Chance geben sollte, Menschen, die nicht im Zeichen von Demokratie und Menschenrechten aufgewachsen sind, von deren großer Bedeutung für unser Leben zu überzeugen, dann nur, indem sie auch praktiziert werden.

---

[45] Jürgen Habermas / Joseph Ratzinger, Dialektik der Säkularisierung, Herder, Freiburg im Breisgau 2005, S. 53

Alles ist Religion

Religion hat es schwer zu Beginn des 21. Jahrhunderts. Die meisten der westlich „aufgeklärten" Menschen lehnen Religion generell ab. Gott ist für sie unmodern geworden, er ist irrational, tot. Religion ist unvernünftig. Damit will man im Zeitalter der Vernunft nichts mehr zu tun haben.

Und dann gibt es zweitens jene Menschen, die nach wie vor glauben, aber darauf beharren, dass Religion im Westen zur Privatsache geworden sei.

Die erste Gruppe von Menschen übersieht, dass es einen Paradigmenwechsel gegeben hat: Menschen haben früher an eine von Gott offenbarte Religion geglaubt. Das mag heute nicht mehr überall so sein. Aber auch heute noch glaubt jeder an etwas – sei es an die emanzipierende Kraft der Arbeit, die quasi religiöse Praktizierung der Demokratie oder die Behauptung des universellen Glaubenssatzes der Menschenrechte, bis hin zu esoterischen Lehren und New Age Philosophien. Mit anderen Worten: diejenigen, die die göttlich offenbarten Religionen abgelegt haben, sind nun Anhänger säkularer, gesellschaftlicher Religionen. Gott mag für diese Menschen out sein, aber Religion in ihrer säkularen, gesellschaftspolitischen Form ist für sie nach wie vor in, auch wenn sie sich dessen nicht bewußt sind.

Die zweite Gruppe macht sich selbst und anderen etwas vor: Der aufgeklärte Deutsche mag davon überzeugt sein, dass sein Land säkularisiert ist. Das genetische Erbe des heiligen römischen Reiches Deutscher Nation, jener Jahrhunderte lange Prozeß der Verbindung deutscher Herrscher mit der Kirche und des Kampfes gegen sie, hat seine immer noch wirkenden Spuren hinterlassen. In einem Land, dessen Geschichte so zentral vom religiösen Ringen zwischen kirchlicher und weltlicher Macht – bis hin zu einem dreißigjährigen Religionskrieg – bestimmt ist, besteht immer die Gefahr, dass es Menschen gibt, die den Andersgläubigen als einen Außenseiter sehen, willkommenes Opfer für politische oder publizistische Diffamierung oder ganz einfach Molotowcocktails in Wohnzimmer und Gewehrsalven auf Moscheen, auch wenn es selbstverständlich keine zwingende Gesetzmäßigkeit gibt.

Beide Gruppen wollen nicht akzeptieren, dass Deutschland heute ein multireligiöses Land geworden ist, in dem die Muslime nach den Christen die zweitstärkste religiöse Gemeinschaft bilden (und in dem es, wie oben beschrieben auch die Anhänger gesellschaftlicher Religionen gibt). Die christlich geprägten Menschen sprechen von Wertneutralität des Staates, pochen aber darauf, dass das nicht Wertfreiheit bedeutet und liefern die Werte gleich mit, eben die ausschließlich christlichen Werte.

Der Glaube an Gott

Die Beschränkung der Definition von Religion als Glauben an eine göttliche Offenbarung führt in die Irre. Wenn man nämlich nicht nur die Vermittlung einer transzendenten Orientierung als Religion begreift, sondern Religion definiert als Glauben an Grundsätze, Axiome, ohne die eine menschliche Gesellschaft weder Grundlage noch Zusammenhalt hat, sieht das Bild ganz anders aus. Es wird klar, dass die Menschen nie aufgehört haben, an etwas zu glauben. Religion und Glauben haben auch im Westen nie aufgehört. Es hat lediglich einen Paradigmenwandel gegeben: Der Glaube an Gott wurde ersetzt durch den weltlichen Glauben an die Arbeit, darauf folgte die Religion der Surrogate Geld und Freizeit. Heute glauben die Menschen im Westen an Demokratie und Menschenrechte.

So müssen wir auch den Münsteraner Frieden, der positiv gefeiert wird als das Ende der Religionskriege in Europa anders sehen. Eine wirkliche Befriedung hat dieser Friede nicht gebracht: an die Stelle der Religion trat lediglich die Nation und aus einem internen Bürgerkrieg wurden nationale Bürgerkriege und Welt(bürger)kriege.

Mit anderen Worten:

„Als *Religion* werden (in diesem Buch) diejenigen persönlichen und kollektiven Lebensäußerungen des Menschen verstanden, die durch symbolische Bearbeitung von Wirklichkeit der Sinnstiftung und Wertorientierung von Individuen, Gruppen und Gesellschaften dienen und sich durch raumzeitliche Tradierung über die existentielle Dimension des Individuums hinaus als kulturelle und gesellschaftliche Systeme bzw. Teilsysteme manifestieren. Nach dieser funktionalen Definition, die sich jeder Frage nach „Wesen" und „Wahrheit" der Religion enthält, hat es Religion nicht unbedingt mit dem Bezug auf eine transzendente bzw. durch Offenbarung erschlossene göttliche Wirklichkeit zu tun. Vielmehr können analoge funktionale Prozesse säkularer Natur auch als religiöse Prozesse interpretiert werden." [46]

Die Arbeit als Religion

In seinem Buch „Die Stämme der Macht" beschreibt Joel Kotkin detailliert und präzise, wie die Botschaft von der Heil bringenden Rolle der Arbeit quasi-religiöse Züge annahm, und als Ersatzreligion bestimmend wurde für den westlichen Aufschwung von der Agrargesellschaft bis hin zur Industrialisierung:

„Die globale Vorreiterrolle der Briten wurzelt in weltanschaulichen und religiösen Überzeugungen, die bereits vor Englands Aufstieg zu einer konkurrenzlosen Weltmacht existiert hatten. Nicht anders als in Frankreich oder Spanien hatte auch England seine Säbelraßler und Großmachtträumer, aber der Anstoß zu seiner einzigartigen Expansion kam nicht aus dem Adel, sondern von praktischer denkenden Männern aus dem Mittelstand und sogar aus der Arbeiter-

---

[46] Andreas Meier, Der politische Auftrag des Islam, Programme und Kritik zwischen Fundamentalismus und Reformen, Originalstimmen aus der Islamischen Welt, Peter Hammer Verlag, Wuppertal 1994, S. 20.

schaft. Viele von ihnen bekannten sich zu nonkonformistischen protestantischen Gemeinschaften wie den Presbyterianern, Methodisten und Quäkern, deren Glaubensschwestern und -brüder auf dem europäischen Festland erbittert verfolgt wurden.

Diese Klasse protestantischer Kaufleute und Gewerbetreibender handelte aus einer Lebenseinstellung heraus, die der Entfaltung kommerziellen Unternehmergeistes in idealer Weise entgegenkam. Wie der britische Ökonom R. H. Tawney betont, hielten sie nichts von der im Katholizismus und selbst in der anglikanischen Kirche implizit vorhandenen Vorstellung, die Gesellschaft sei ,ein gestufter Organismus', ein hierarchisches Gefüge, das durch die Glaubenslehren und Vorschriften einer im Zentrum stehenden Kirche zusammengehalten werde. Sie brachen mit dem traditionellen Muster, wonach ökonomische Zweckdienlichkeit und individueller wirtschaftlicher Aufstieg hinter dem moralischen Anspruch der Kirche zurückzustehen hätten.

Protestanten, strenggläubige Calvinisten ebenso wie Methodisten, Quäker und andere von der Staatskirche abgespaltene Gruppen, lösten sich weitgehend von diesem feudalen Erbe und schlugen sich auf die Seite der allmählich entstehenden kapitalistischen Ordnung. Für Calvin waren die Gewinne des Kleinhandwerkers, Händlers oder Spekulanten nicht weniger ehrbar als die Renten der alten Land besitzenden Aristokratie. Aus welchem Grund, fragte er, sollte das Einkommen aus einem Geschäft nicht höher sein als das Einkommen aus Landbesitz? Woher stammen denn die Gewinne des Händlers, wenn nicht aus seiner eigenen fleißigen Arbeit?

Der Römischen Kirche mit ihrer festen geistlichen Hierarchie und ihren Bindungen an die alte Feudalordnung fiel es schwer, eine solche Sichtweise zu akzeptieren. Doch in der protestantischen Gemeinschaft war der Finanzier nun nicht länger der Paria, sondern ein wichtiges Glied der Gesellschaft; erfolgreicher Unternehmungsgeist galt als Zeichen der

Frömmigkeit. Wie Tawney schreibt: ‚Geläutert in den eisigen Wassern der calvinistischen Theologie, bekam das Geschäft des Lebens, das bisher als eine Gefahr für die unsterbliche Seele gegolten hatte, eine neue Weihe. Arbeit ist nun nicht mehr nur ein ökonomisches Mittel; Arbeit ist nun ein geistliches Ziel.'

Wie die Juden, an deren alttestamentarischer Geschichte sie sich weitgehend orientierten, waren auch die Calvinisten bestens für ihre kommerzielle Rolle gerüstet. Streng, unduldsam, allem Blendwerk abhold, waren sie durch und durch pragmatisch. Sie glaubten nicht daran, dass der Mensch von Natur aus gut und die bestehende soziale Ordnung heilig sei und predigten stattdessen Disziplin und Selbstvervollkommnung.

Durch die von Oliver Cromwell geführte, hauptsächlich von den Nonkonformisten getragene Revolution brach die einst so stolze Macht des konkurrierenden Feudalsystems zusammen. Auch als Cromwells Herrschaft ihrerseits gescheitert war, trugen die darauf folgenden, als Glorious Revolution in die Geschichte eingegangenen Kompromisse des Parlaments mit der englischen Krone zur Entstehung einer neuartigen politischen Ordnung bei, eines Systems, das der individuellen Initiative und dem privaten Kapital ungeahnte Freiheiten einräumte. Auf dieser Grundlage entstand bald darauf die ökonomische Lehre von der freien Entfaltung des individuellen Kapitaleigners, die auf weitgehendes Laisser-faire abzielende Nationalökonomie des Adam Smith.

Die Neue Welt erlebte jedoch nicht nur eine Wiedergeburt des nonkonformistischen Englands. Fern von den ehrwürdigen Bastionen des Adels und der Staatskirche konnten die Puritaner ihre Anschauungen noch ungehinderter ausleben. Den klarsten Ausdruck fand ihre Wirtschaftsgesinnung in den Schriften Benjamin Franklins, der das kapitalistische Ethos von Sparsamkeit und sorgsamer Anhäufung auf eine kurze Formel brachte: „Bedenke, das Zeit Geld ist." Wer täglich zehn Schillinge durch seine Arbeit erwerben könnte und den halben Tag spazieren geht oder auf seinem Zimmer faulenzt, der darf, auch wenn er nur sechs Pence für sein Vergnügen ausgibt, nicht dies allein berechnen, er hat neben dem noch fünf Schillinge ausgegeben oder vielmehr weggeworfen."[47]

Sozialismus und New Age als Religion(sersatz)

In der weiteren geschichtlichen Entwicklung legten Marx und Engels mit der kritischen Bewertung der Folgen des Kapitalismus, in dem der Produktionsfaktor Kapital über den Produktionsfaktor Arbeit bestimmend wurde, die Grundsteine für eine neue Religion: Marxismus und der Sozialismus. Diese Lehre hat nun ein Ende gefunden und im Westen sind an ihre Stelle New Age Philosophien und weiterer Wertwandel getreten.

Demokratie als Religion

In westlichen Gesellschaften ist die Entwicklung unterdessen weitergegangen. Westliche Menschen hängen, nachdem der Glaube an die emanzipative Kraft der Arbeit durch die Freiheit der allein selig machenden Freizeitkultur ersetzt wurde, nun einer neuen Religionsgemeinschaft an: dem Glauben an die Demokratie. Tom Clancy beschreibt anschaulich, dass z.B. der Verfassungskult in den USA starke religiöse Züge trägt:

„Die Verfassung ist so etwas wie die Bibel für die Vereinigten Staaten von Amerika, und die Richter des Bundesgerichtshofes sind – denke ich – die Theologen, die beschließen, was sie bedeutet."[48]

Betrachtet man die westliche Verfassungsordnung wie

---

[47] Joel Kotkin, Stämme der Macht. Der Erfolg weltweiter Clans in Wirtschaft und Politik, Rowohlt, Reinbeck bei Hamburg 1996, S.101 – 104

[48] Tom Clancy, Executive Orders, G. P. Putnam's Sons, New York 1996, S. 234.

Clancy in ihrer quasireligiösen Bedeutung, fällt die Bewertung der islamischen Religions- und Staatsphilosophie auf einmal ganz anders aus: Der Rat der obersten Religionsgelehrten, der in einem islamischen Staat über den Einklang der Gesetze mit den religiösen Grundlagen wacht, hat dann eine Bedeutung, die dem Verfassungsgericht in den USA in direkter Weise entspricht.

Nationen: Woran Menschen glauben

> *„What is a nation? The most pleasing definition I know*
> *is that it is „a group of people united by a common*
> *dislike of their neighbours, and a shared misconception*
> *about their ethnic origins."*[49]

Der Münsteraner Friede gilt für viele als Beginn der Herrschaft der Vernunft und damit als Beginn der Neuzeit: endlich wurden Staat und Kirche, Religion und Politik in so weit getrennt, dass es keine Religionskriege mehr geben sollte. Tatsächlich hat es in Europa keinen Krieg mehr wie den dreißigjährigen Krieg gegeben, in dem die Anhänger unterschiedlicher Konfessionen sich gegenseitig vernichten wollten. (Konflikte wie den Nordirland Konflikt einmal ausgeschlossen). Doch dieser Erfolg hat mitnichten zu einer Befriedung in Europa und der Welt geführt: Schnell wurde eine neue Kategorie für Zugehörigkeit und Abgrenzung gefunden und an die Stelle der Religion gesetzt: die Nation. Und der Nationalismus wurde zur Ersatzreligion, in deren Namen innerhalb weniger Jahrhunderte Millionen Menschen auf die Schlachtbank geführt wurden.

Es ist eine Tatsache, daß Menschen in irgendwie gearteten Verbänden zusammenleben müssen. Sie leben zusammen

---

[49] („Peopie, Nation and State: a Collection of Essays on Nationalism", edited by Edward Mortimer and Robert Fine, nach Weekend Times, 25./26. September 1999, S. IV.)

in Familien, in Stämmen und in Regionen. Sie organisieren sich in Staaten, Einheiten, die verwaltende Macht haben, aber nicht an große Emotionen denken lassen. Darüber hinaus haben sich Nationen gebildet, früher in England, Frankreich und z. B. den USA, später in Italien und Deutschland. Mit ihnen kommen die Emotionen ins Spiel. An sich wäre auch daran keine Kritik zu üben, denn Emotionen sind nicht a priori schlecht. Leider hat es sich jedoch gezeigt, dass Nationen an die Stelle von Religionen getreten sind, ja neue Religionen geworden sind. Unter ihrem Banner werden Menschen von einander abgegrenzt, und ihren ihrem Namen werden Menschen dazu gebracht, andere Menschen umzubringen.

Zur Frage, wie Nationen entstehen und dass sie, wenn auch „imagined communities", trotzdem sehr real sind, hier zwei interessante Aussagen:

In Bezug auf den Prozeß der Nationwerdung von Frankreich spricht Graham Robb davon, dass die Region für die vielen gesichtslosen Millionen, die an der Seite der 300 oder mehr Personen lebten, die die bekannten Akteure des 18. und 19. Jahrhunderts waren, eigentlich das bedeutete, was wir heute als Land oder Nation bezeichnen.

„Previously, most people would have considered their *pays* to be their region rather than their country. Their universe had a radius of fewer than 15 miles and a population that could fit into a small barn. This was a France in which news travelled at a maximum of 7mh. One French traveller to the Pyrenees in 1837 wrote: 'Each valley is still a little world which differs from the neighbouring world as Mercury does from Uranus. Each village is a clan, a kind of state with its own form of patriotism. There are different types at every step, different opinions, prejudices and customs."[50]

Mortimer nennt Nationen „eingebildete Communities", die allerdings keine Phantasiegebilde sondern sehr real sind. Er schreibt:

---

[50] John Thornhill, review of Graham Robb, The Discovery of France, FT bookshop, Financial Times Magazine Sept. 8. /9. 2007

„The fact that nations are „imagined communities"(the book title by Benedict Anderson, perhaps the most influential writer on nationalism in the last 20 years) does not mean they are imaginary."[51]

Nationen sind in der Tat real. In ihrem Namen werden Kriege geführt, andere Nationen angegriffen und Menschen getötet. Und doch gibt es keinen vernünftigen Grund für ihre Existenz, sie basieren letzten Endes auf vielen verschiedenen Einbildungen:

- dass Menschen zusammengehören, weil sie schon immer zusammen gelebt haben, wo sie heute leben.
- dass Menschen eine Recht auf ein Stück Land haben, auf dem ihre Vorfahren gelebt haben
- dass Menschen auf ganz natürliche Art in unterschiedliche Gruppen, Stämme oder Nationen aufgeteilt sind
- dass jede dieser Gruppen zusammengebunden ist durch ein gemeinsames genetisches Erbe, das durch eine gemeinsame Kultur verstärkt wird, und
- dass derartige Einheiten von Anbeginn der Zeit existiert haben. [52]

Nichts davon ist richtig, und darüber hinaus ist es nicht kompatibel mit dem Bekenntnis zu den Menschenrechten: Wenn wir alle gleich geschaffen sind, gibt es keinen Grund, warum wir nicht auch alle das gleiche Recht haben, dort zu wohnen, wo wir wollen. Die zufällige (oder von Gott gewollte) Tatsache, dass wir als Kinder unserer Eltern an einem bestimmten Tag in einem bestimmten Land geboren wurden macht uns, und aus verwaltungstechnischen Gründen ist das

---

[51] (Mortimer, a. a. o.)

[52] John Gray macht dazu folgende Bemerkung: "Being British, for example does not entail subscribing to any creed – it is simply an accident of birth – and the same is true in other European nations." In: Financial Times, Nov. 10th/11th, 2007, LIFE & ARTS, page 5

sinnvoll, zum Bürger des Landes, in dem wir geboren sind (in Deutschland wird das etwas anders gesehen). Der Geburtsakt bindet uns an unsere Familien, aber wieso auch an unser Land und seine Geschichte? Was bindet unsere Familie an die Familie in der Nachbarschaft? Wie kann ich stolz darauf sein, Bürger von X zu sein, wenn ich gar nichts dafür kann, dort geboren zu sein?

Heute entwickeln sich Gott sei Dank übernationale Verbänden, wie z. B. die Europäische Union, was uns die Hoffnung gibt, dass nicht mehr im Namen einer Nation gemetzelt wird – allerdings ist offen, ob nicht bei einer realen politischen Vereinigung Europas eine „Supernation" entsteht, die dann ihrerseits Kriege erklärt und führt.

Zivilgesellschaft – die Ordnung der Zukunft

Die Ideen und Begriffe, mit denen wir unsere Regierungsform beschreiben, bestimmen ganz wesentlich, wie wir uns regieren. Die politischen Debatten der späten sechziger und frühen siebziger Jahre des vergangenen Jahrhunderts wurden geprägt von Auseinandersetzungen mit der Frage, ob der Staat vergesellschaftet werden sollte oder die Gesellschaft verstaatlicht. Kurt Biedenkopf und andere konservative CDU-Theoretiker wurden nicht müde, von der Schaffung und Erhaltung des staatsfreien Raumes als Aufgabe und Leistung zu sprechen.

Der ganz andere angelsächsisch geprägte Ansatz hat in Deutschland lange überhaupt keine Rolle gespielt: In dieser Tradition wird nicht von Staat und Gesellschaft sondern von civil society und government gesprochen – von freien Menschen in einer freien Gesellschaft und der Regierung, die sie sich geben. Erst im Rahmen der weltweiten Diskussion um global governance wird nun auch in Deutschland – zwanzig Jahre später – von der Zivilgesellschaft gesprochen.

Dass diese geistigen Koordinaten Rückwirkungen auf das

politische Geschehen eines Landes haben, wird spätestens klar, wenn man sich Äußerungen von Ralf Dahrendorf vor Augen führt, die Arnulf Baring zitiert:

„Die Mentalität in Deutschland hat sich anders entwickelt als in den angelsächsischen Ländern. Ralf Dahrendorf hat wiederholt die Unterschiede zwischen Bürgergesellschaften (wie England) und Staatsgesellschaften (wie Deutschland und Frankreich) beschrieben. In England komme man ganz gut ohne den Staat zurecht, meinte Dahrendorf. ,Zuerst kam das freie Spiel der Kräfte und dann die zögerliche Einsicht, dass gewisse staatliche Institutionen nötig sind. ,Wenn etwas zu tun sei, versuche man daher zunächst, sich selbst zu helfen.

Deutschland und Frankreich dagegen seien Staatsgesellschaften. Die Gesellschaft, das freie Spiel der Vereine und Unternehmen, habe in ihnen erst dem Staat abgetrotzt werden müssen. Er sei bis heute allgegenwärtig. Wenn ein Problem auftauche, erschalle hier sofort der Ruf nach staatlicher Hilfe."[53]

Selbst angesichts riesiger „bail out"-Pakete in den USA und der (Teil-)Verstaatlichung von Banken in England bleibt der Grundkonsens der Bürgergesellschaft erhalten. „We, the people" ist und bleibt dasMotto der USA.

Als tiefere staatstheoretische Begründung für ihr Staatsverständnis führen deutsche Politiker immer wieder die Gedankenkette von der Verschmelzung der griechisch-römischen Zivilisation mit der judäo-christlichen Tradition an. Doch wie so vieles unserer gedanklichen, virtuellen Realität stimmt auch diese Herleitung unseres Staatsverständnisses nicht: Die ausschließliche Identifizierung des Staatsgedankens mit griechischer Kultur und Philosophie ist nicht möglich, wie der Historiker Christian Meier anschaulich darlegt. Er verweist darauf, dass ursprünglich im frühen Griechenland eines unmöglich war:

---

[53] Arnulf Baring, Scheitert Deutschland? Deutsche Verlags-Anstalt, Stugart 1997, S. 82 f.

„Das war der Aufbau eines speziellen Herrschaftsapparates durch Zusammenfassung von Mitteln, durch Schaffung von Verwaltungs- und Erzwingungsstäben.

Eine solche Spezialisierung, mithin Verstetigung, ja ‚Aufhebung' der Individuen in weit über sie hinausgehende Zusammenhänge, einen solchen Regelungsbedarf, von einer Scheidung von Staat und Gesellschaft ganz zu schweigen, hat die Antike nicht gekannt, auch später nicht. Damit sind so radikale Unterschiede gegeben, dass sich die Vertrautheit, in der die Griechen uns so gern erscheinen, auf mannigfaltige Weise als veritables Hindernis, sie zu verstehen, erweist."[54]

∗ ∗ ∗

Es ist zu hoffen, dass sich im Rahmen der Globalisierung der Diskussion um die weltweite Civil Society und um Good Governance diese Begriffe auch in Deutschland endgültig durchsetzen, damit die fiktiven Größen Staat und Gesellschaft zurückgelassen werden können und Deutschland zu einer echten Bürgergesellschaft werden kann, deren Angehörige der Freiheit und Gleichheit verpflichtet sind, wie es Christof Mauch und Kiran Patel beschreiben:

„Während sich der amerikanische „citizen" immer der Freiheit und Gleichheit verpflichtet fühlt, macht der deutsche Staatsbürger einiges durch – den mentalen Wandel vom gehorsamen Untertan des Kaisers über den zögerlichen Demokraten der Weimarer Republik, den glühenden Nationalsozialisten und den Sozialisten im Arbeiter- und Bauernstaat bis hin zum Bundesrepublikaner".[55]

---

[54] Christian Meier, Athen, Siedler Verlag, o.J., S. 58.

[55] Christian Hacke Kritik von Christof Mauch, Kiran Patel (Hg.): Wettlauf um die Moderne. Die USA und Deutschland 1890 bis heute, Pantheon, München, in: Welt (Literarische Welt), 2. 8. 2008, S. 5

Die Freiheit, die ich meine

„Freedom's just another word for nothing left to lose..."
Janis Joplin
„Like a bird on a wire...I have tried to be free."
Leonhard Cohen

In der Zeit des Kalten Krieges hat sich der Westen als Reich der Freiheit definiert. In allen Ländern des Westens und in fast allen politischen Parteien in ihnen galt Freiheit als der höchste Wert schlechthin. Wenig beachtet wurde dabei, dass es durchaus unterschiedliche Freiheitsbegriffe gibt, dass in den USA unter Freiheit etwas ganz anderes verstanden und praktiziert wird, als z. B. in Deutschland und dass es selbst in Deutschland zwischen den Parteien noch unterschiedliche Auffassungen über die Freiheit gibt.

In Deutschland stand „Freiheit" für die CDU immer an oberster Stelle auf ihrem politischen Banner. In ihren politischen Programmen nannte sie sogar immer die Freiheit an erster Stelle vor dem Frieden. Es ist eine glückliche Fügung der Geschichte, dass dieser Anspruch in der Realität nie auf die Probe gestellt worden ist. Freiheit war auch das zentrale Leitwort bei der Wiedervereinigung. Den Ostdeutschen wurde die Freiheit als das goldene Ziel vor Augen gehalten.

Doch Freiheit ist nicht gleich Freiheit, und wenn die CDU auch stolz auf die Westbindung war, „Freiheit statt Sozialismus" plakatierte und sich als engster Verbündeter der USA fühlte war ihr Freiheitsverständnis alles andere als das der USA und ihrer Bürger. Freiheit in den USA ist immer eine bedingungslos vorgegebene Grundbestimmung der Existenz der Menschen, dagegen wird Freiheit von vielen in Deutschland – nicht nur Anhängern der CDU – ganz anders gesehen.

Im deutschen politischen Denken gibt es, bezogen auf die Freiheit zwei unterschiedliche Ansätze. Der sozialistische, sozialdemokratische Ansatz geht von einer emanzipatorischen Freiheit aus, die nach dem Kampf gegen die Obrigkeiten entsteht. Bei der CDU wiederum hat der Freiheitsbegriff ganz andere geistige Koordinaten, wie eine Äußerung von Marie-Luise Schwarz-Schilling deutlich macht: Die Utopie der CDU richtet sich nicht „auf den sich selbst befreienden Menschen (wie die Sozialisten), sondern auf den Menschen, der „von oben" frei gemacht werde. Das „von oben" ist heute die Sozialverfassung, ein System, eine Ordnung."[56]

Freiheit für die CDU ist also immer ein Freiraum vom Staat, eine Freiheit, die z. B. durch Ordnungspolitik gewährt wird. Beide Freiheitsbegriffe, der sozialistische / sozialdemokratische und der christlich demokratische gehen von Vorbedingungen aus, die es beim amerikanischen Freiheitsbegriff nicht gibt. In den USA ist das Land von Anfang an das Land freier Bürger: „Home of the free!" (Wenn auch, wie an anderer Stelle dargestellt, diese Freiheit nicht von Anfang an aller gewährt wurde.)

* * *

Die CDU macht darüber hinaus bei der Freiheit zwei ganz wesentliche Einschränkungen:

Erstens: Es gibt keine Freiheit für die Feinde der Freiheit. Mit diesem Grundsatz begründete die CDU z.B. ihre Haltung, dass Kommunisten keine Beamten sein konnten.

Die gegen Kommunisten in Deutschland angewandte Forderung, keine Freiheit für die Feinde der Freiheit, wurde damit begründet, dass die Freiheit, die das deutsche Grundgesetz verkündet, eben keine beliebige Freiheit und die Demokratie eine „wehrhafte" Demokratie sei. (Diese Doppelbödigkeit entspricht einem anderen Axiom deutscher Politik, daß der deutsche Staat in Bezug auf die Religion neutral sei, daß er aber nicht wertfrei sei – und diese Werte sind natürlich christlich.)

Nach dem Ende des Ost-West-Konfliktes und der Einführung eines neuen Feindbildes, des Islam, erfahren Muslime heute entsprechende Einschränkungen. Die Freiheit des Glaubens gilt für sie nur in dem Maß, wie die Christen sie definieren. Der Staat ist zwar religiös neutral, aber jeder Richter weiß

---

[56] Arnulf Baring, a. a. o., S. 261

genau, welche Inhalte und Praktiken der Islam hat, wie wir seit Gerichtsurteilen über das Schächten und das Kopftuchtragen wissen. Spätestens in der zweiten Hälfte der neunziger Jahre wurde im globalen Kulturkampf das christliche Abendland wieder zu einer politischen Größe – und zwar zu einer Größe der Abgrenzung und nicht zu einer Größe der Integration und Offenheit. Christentum und Islam verbindet in der politischen Diskussion nicht der Gedanke der Gemeinsamkeit, dass es sich um zwei monotheistische Religionen handelt. Thematisiert wird nur die vermeintliche Bedrohung der Freiheit durch den Islam.

Zweitens: Die Freiheit geht bei der CDU nicht so weit, dass akzeptiert wird, was in einer modernen Gesellschaft als Life Style einerseits und alternative Lebensformen andererseits ganz selbstverständlich geworden sind. Beides widerspricht dem engen bürgerlichen Verständnis der CDU davon, wie man zu leben hat. Life Style wird als Zeitgeist abgetan und alternative Lebensformen sind grundsätzlich links und außerdem unsympathisch.

Im Bereich der persönlichen Werte und der Lebensführung gelten so für die CDU in verkappter Form immer noch die christlichen Werte. Während in der Sozialen Marktwirtschaft die schlimmsten Auswüchse durch das „Soziale" aus der christlichen Lehre korrigiert werden sollen, geht es bei den persönlichen Werten weniger um Korrektur, sondern um Dominanz der christlichen Werte. Wirkliche Freiheit gibt es nicht, Selbstverwirklichung, die Möglichkeit, sich selbst zu definieren, sich neu zu erschaffen (reinvent) sind die absoluten Tabuworte für die „Partei der Freiheit". Dass die CDU sich damit von einer ganzen Generation abschnitt und abschneidet, kommt ihr nicht in den Sinn. Sie ahnte es vielleicht, wenn ihr damaliger Vorsitzender schwärmend davon träumte, dass die junge Generation ja wieder zu „den Werten" zurückkehrte und er damit seiner Hoffnung Ausdruck verlieh, dass diese junge Generation auch wieder den Weg zur CDU findet. Doch diese Hoffnung trägt nicht.

WAS TUN?

Der erste deutsche Kulturkampf

Das gegenwärtige Kulturkampfszenario

Der „Clash of Civilizations" – in Deutschland bekannt als „Kampf der Kulturen" ist in aller Munde. Unzählige Artikel und Sendungen in den Medien behandeln das Thema. Als ein Beispiel sei hier genannt der Sender Radio Berlin Brandenburg, der im Frühjahr 2004 eine Fernsehdiskussion abgehalten hat mit dem Titel: „Der Kopftuchstreit – Droht in Berlin der Kampf der Kulturen?"

Viele Menschen im Westen fühlen sich bedroht von der Religion des Islam und der Lebensweise der Muslime, viele Muslime fühlen sich ihrerseits bedroht: in Deutschland z. B. durch die immer wieder erhobene Forderung nach einer Integration, die eher einer Assimilation ähnelt und weltweit durch eine Weltwirtschaftsordnung, die zu ihren Lasten geht. In der aktuellen Konfrontation, in der die Emotionen hoch kochen, fällt es schwer, sachlich und mit Vernunft nach Möglichkeiten des friedlichen Zusammenlebens zu suchen.

Dennoch lohnt sich der Versuch, die Perspektive einer friedlichen Zukunft aufzuzeigen, denn friedliches Zusammenleben ist möglich, wenn beide Seiten daran arbeiten.

Der Blick in die deutsche Geschichte

Um aus der Befangenheit der aktuellen Situation herauszukommen und die gegenwärtige Auseinandersetzung in einen historischen Zusammenhang zu stellen, hilft ein Rückblick auf zwei Perioden bzw. Ereignisse der deutschen Geschichte: 1. Der Kulturkampf zwischen Bismarck und der katholischen Kirche. 2. Die Zeit von Weimar, in der ein Staatskirchenrecht beschlossen wurde, welches das Verhältnis von Staat und Kirche anders als in vielen westlichen, säkularisierten Staaten regelt und das von der Bundesrepublik Deutschland nach dem Zweiten Weltkrieg weitgehend übernommen wurde.

Der Kulturkampf von 1871 – 1878 (1887)

Die Geschichtsschreibung verzeichnet eine Reihe von Stationen dieses einzigartigen Vorgangs, durch den in Deutschland versucht wurde der katholischen Kirche Zügel anzulegen, sprich sie durch Mittel der Politik ihres politischen und kulturellen Einflusses zu berauben:

08.07.1871 Aufhebung der katholischen Abteilung im preußischen Kultusministerium.
10.12.1871 Der Kanzelparagraph wird erlassen.
(Priester dürfen von der Kanzel keine Stellungnahmen zur Politik abgeben)
11.03.1872 Ein Preußisches Gesetz stellt Schulen unter Staatsaufsicht.
04.07.1872 Jesuiten und einige andere Orden werden im Deutschen Reich verboten.
11./14.05.1873 Preußische Maigesetze treten in Kraft.
09.03.1874 Einführung der obligatorischen Zivilehe.
04.05.1874 Geistliche, die gegen die Maigesetze verstoßen, bekommen entweder einen Aufenthaltsort angewiesen oder werden ausgewiesen.
22.04.1875 Staatliche Zuwendungen an die katholische Kirche werden eingestellt (Brotkorbgesetz).
20.02.1878 **Leo XIII.** wird Papst (als Nachfolger von Pius IX.). Wende im **Kulturkampf** zeichnet sich ab.
1878 / 1879 Verhandlungen zwischen Bismarck und Vertretern des Vatikans zur Beilegung des Kulturkampfes.

14.07.1880 Erstes Milderungsgesetz.
31.05.1882 Zweites Milderungsgesetz.
11.07.1883 Drittes Milderungsgesetz.
21.05.1886 Erstes Friedensgesetz.
29.04.1887 Zweites Friedensgesetz.
23.05.1887 Leo XIII. erklärt den Kulturkampf für beendet.

Die politischen Umstände sind heute anders als vor etwas über hundert Jahren, aber wenn man z. B. die Ausführungen Joseph Rovans über den Kulturkampf Revue passieren lässt, kommt man nicht umhin, gewisse Parallelen zu sehen. Hier zunächst der Text von Rovan, daran anschließend folgt die Darstellung der Folgen des heutigen Vorgehens im Vergleich zum historischen Kulturkampf.

Joseph Rovan über den Kulturkampf

Die Ereignisse des Kulturkampfes werden von dem großen französischen Historiker Joseph Rovan in seinem Buch „Geschichte der Deutschen" ausführlich wie folgt beschrieben:
„Von 1871 bis 1878 befand sich das Reich in einem kalten Krieg mit dem Vatikan und der deutschen katholischen Kirche, denn Bismarck fürchtete den Einfluß einer rivalisierenden Fremdmacht, der über ein Drittel der Einwohner des Reichs ergeben war. Diese heftige Auseinandersetzung, die streckenweise die Züge religiöser Verfolgung oder einer antireligiösen Kampagne annahm, endete auf Bismarcksche Art mit Kompromissen; schon deshalb, weil der Kanzler, der den Einfluß der Nationalliberalen beschränken wollte, im Reichstag die Unterstützung des mit den Konservativen verbündeten Zentrums brauchte. Wie alle Unternehmungen Bismarcks nach 1871 war wohl auch dieser Kampf für den eingefleischten Konservativen und frommen Protestanten (der freilich zunächst Staatsmann war) ein Krieg ohne Sieger

und Besiegte, zugleich aber auch ein bedeutender Schritt auf dem Weg in eine – von ihm gewiss nicht angestrebte – Laizisierung der Gesellschaft. Wenn man den katholischen Priestern die Registrierung des Familienstandes und die Kontrolle über die Volksschulen entzog, so mußten sie aus Gründen der Gleichheit auch den Protestanten entzogen werden. Bewahren konnte man nur, wenn man einen Teil des zu Bewahrenden der Zerstörung preisgab oder sie gleich selbst in die Hand nahm, um den Schaden zu begrenzen. Beruht auf dieser Einsicht nicht letztlich jede wirklich große Politik, die weder ideologisch noch totalitär ist und mit in Betracht zieht, daß spätere Generationen andere Politik betreiben wollen und die Zukunft ihnen überlassen bleiben muß?

Eben um die Zukunft ging es im so genannten »Kulturkampf«, einem Kampf um die protestantische Kultur, vor allem aber um den wissenschaftlichen Materialismus, der sich mit mehr oder weniger starken lutherischen Elementen – geprägt vom rationalistischen und nationalistischen Luther, nicht von dem noch ganz mittelalterlichen glaubenseifrigen Gottsucher – an den Hochschulen und von dort aus unter den herrschenden Schichten von Adel und Bürgertum ausbreitete. Ein Dreivierteljahrhundert brauchten die deutschen Katholiken, um sich von diesem Trauma zu erholen, und dabei war Bismarck ihnen am Ende notgedrungen sehr weit entgegengekommen. Einen Nachfolger fand er in Konrad Adenauer, der zur Zeit der Entlassung des Eisernen Kanzlers vierzehn Jahre alt war. Bevor es soweit war, sollte Hitler allerdings noch das deutsche Volk, das sich als zum totalen Sieg unfähig erwiesen hatte, in die totale Niederlage hetzen. Nichts lag Bismarck (und Adenauer) ferner als das Streben nach einer Totalität, die in den totalen Krieg führte. Aber der Reichskanzler von 1871 und der Bundeskanzler von 1949 waren sich darin ähnlich, dass sie die Macht liebten und eine geschickte Kompromisspolitik betrieben, die auf mittelfristige Ergebnisse abzielte."[57]

[57] Joseph Rovan, Geschichte der Deutschen, Vor ihren Ursprüngen bis

Der Inhalt dieses Textes zeigt verblüffende Parallelen zur heutigen Zeit: Wieder einmal fühlen sich Vertreter der „deutschen" Kultur bedroht. Wieder ist es eine fremde Religion aus dem Ausland (eine Fremdmacht) – auch wenn ihr nicht etwa ein Drittel, sondern nur drei Prozent der deutschen Bevölkerung angehören – eine Religion, die angeblich aus dem Ausland gesteuert wird. Wieder einmal wird versucht, dieser Religion, bzw. ihren Angehörigen durch Verbote Zügel anzulegen, wie z. B. durch ein Kopftuchverbot für Lehrerinnen.

Wie im Kulturkampf hat die Auseinandersetzung Folgen, die ihre Urheber eigentlich nicht im Sinn gehabt haben können: Im Kulturkampf wurden die Protestanten durch den Grundsatz der Gleichbehandlung ebenso betroffen, wie die Katholiken: die Zivilehe war ein Eingriff in die Hoheit beider Kirchen und die weitergehende Säkularisierung des deutschen Staates war eine Folge, die beide Kirchen gleich traf – auch wenn nur eine gemeint war.

In der Debatte, die heute heraufbeschworen wird, stehen – je länger die Debatte dauert – zwei Alternativen im Mittelpunkt:

Die eine Gruppe von Politikern und Publizisten ist klar für die Erhaltung des deutschen Systems der Beziehungen zwischen Staat und Kirche. Sie befürworten gleiches Recht für alle, d. h. Kipa, Kreuz und Kopftuch im Klassenzimmer und darüber hinausgehend islamischen Religionsunterricht für Muslime sowie die Einbeziehung des Islam in das deutsche Staatskirchenrecht. (Hier gibt es dann noch einmal einen Unterschied: eine Gruppe will, dass die Muslime sich als Vorbedingung kirchenähnlich organisieren, die andere Gruppe sucht nach innovativen Wegen, Muslime – auch ohne dass sie den Islam in eine Kirche verwandeln – staatlich unterstützen zu können.)

Die klare Alternative dazu wird von Politikern und Publizisten befürwortet, die für eine weitergehende Säkularisierung in Deutschland eintreten: sie fordern die Einführung

heute, Carl Hanser Verlag, München Wien 1995, S. 494 f.

des französischen Modells einer totalen Entleerung des öffentlichen Raumes von „religiösen Zeichen". Sollte diese Ansicht mehrheitsfähig werden, würde ein wesentliches Kriterium des Modells der deutschen Säkularisierung, nämlich die Existenz von Religion im öffentlichen Raum, in Frage gestellt und womöglich aufgehoben.

Die Parallelen der heutigen Fragestellungen und Problemlösungen zum Bismarckschen Kulturkampf sind in der Tat verblüffend und werden zumindest in der englischsprachigen Presse auch so gesehen.[58]

Was die Umsetzung der beiden Alternativen angeht, so werfen sich beide Seiten in der Debatte heftig utopisches Denken vor: Die einen halten es nicht für möglich, Muslime in das deutsche Staatskirchenrecht einzubinden, die anderen übersehen, dass für ihre Einführung eines französischen Laizismus immerhin die Verfassung geändert werden müßte – auch keine sehr realistische Annahme.

Wir müssen uns heute die Frage stellen, ob es wirklich so weit kommen muß? Müssen wir wirklich im Hinblick auf den Islam die politischen Fehler wiederholen, die ein Bismarck hinsichtlich des Umgangs mit der katholischen Kirche gemacht hat? Können wir es uns wirklich Leisten, solche Spätfolgen heraufzubeschwören, wie sie nach dem Kulturkampf zu bemerken waren: daß, wie es so schön heißt, Katholiken über Jahrzehnte hinweg „staatsfremd" waren? Ist eine solche Folge in der Einstellung der Muslime gegenüber Deutschland angesichts der ständigen Forderung, sie müssten sich integrieren, die gewünschte Konsequenz?

---

[58] „The proposal (Kopftuchverbot für Lehrerinnen in Baden-Württemberg) is reminiscent of the *Kulturkampf* – the campaign by Otto von Bismarck, the 19th-century chancellor, to limit Catholic influence in society because of suspicion about the believers' loyalty to the German state." Bertrand Benoit: "Germans must shift their image of national identity", in: Financial Times, 10 / 11 April 2004, S. 7.

Das Weimarer Staatskirchenrecht

Wenn man sich nur auf Bismarck bezieht, mag es so sein, daß man keine Alternative findet. Doch in Deutschland wurden die Folgen des Kulturkampfes nicht nur durch die so genannten Milderungsgesetze aufgehoben, in Deutschland wurde mit der Schaffung eines neuen Staatskirchenrechtes in der Weimarer Republik ein neuer Weg aufgetan, Kirche und Staat in ein geordnetes Verhältnis miteinander zu bringen.

Im Zusammenhang mit der Debatte um den „Kirchenstatus" der Zeugen Jehovas und der Muslime finden sich in „Religion-Staat-Gesellschaft" Heft 1/2001 ausführliche Darstellungen der Situation in Deutschland, Österreich und der Schweiz. Hier sei nur kurz die deutsche Lage dargestellt:

„Körperschaften des öffentlichen Rechts sind im deutschen Recht Personengemeinschaften die für einen bestimmten Bereich hoheitliche Aufgaben wahrzunehmen haben. (z. B. Landkreise, Kommunen, Berufsverbände etwa Ärztekammern u. ä.). Ihre Wurzeln reichen bis in die Zeit des germanischen Rechts zurück. Das Allgemeine Landrecht preußischer Staaten von 1794 rechnete die lutherische, die reformierte und die katholische Kirche zu den Körperschaften des öffentlichen Rechts. Diesen Status behielten sie in der Weimarer Reichsverfassung von 1919 bei. Diese sah allerdings auch vor, dass anderen Religionsgesellschaften auf deren Antrag gleiche Rechte zu gewähren seien, wenn sie durch ihre Verfassung und die Zahl ihrer Mitglieder die Gewähr der Dauer bieten (Art. 137 Abs. 5). Tatsächlich jedoch dürfen nach dem Grundgesetz der Bundesrepublik Deutschland von 1949 die Kirchen keine staatlichen Hoheitsrechte ausüben. Immerhin blieben ihnen einige bedeutsame Privilegien wie das Besteuerungsrecht und die Dienstherreneigenschaft (Art 137 Abs. 3 und 6)."[59]

---

[59] Johannes Neumann, Die Kirchen und ihr Charakter als Körperschaften des öffentlichen Rechts, in: Religion-Staat-Gesellschaft, Heft 1/2001.

Zur Gleichbehandlung aller Religionsgemeinschaften schreibt Hermann Weber:

„In der Vergangenheit ist verschiedentlich darauf verwiesen worden, dass die innere Legitimation allgemein der vom Grundgesetz gewährleisteten institutionellen Hilfen zu Gunsten von Religion und Religionsgemeinschaften und im Besonderen der Korporationsqualität (und damit die innere Legitimation eines Staatskirchenrechts, das solche Hilfen vorsieht) nur dadurch gewahrt werden kann, dass die Hilfen im Grundsatz in absoluter Neutralität *allen Religionsgemeinschaften* zur Verfügung stehen. Speziell für die *Korporationsqualität* bedeutet das, dass die Anforderungen für den Erwerb des Körperschaftsstatus nicht zu hoch geschraubt werden dürfen, dass die Korporationsqualität also wiederum in absoluter Neutralität allen Religionsgemeinschaften zu Gebote stehen muß, die die ausdrücklich geregelten – relativ bescheidenen – Voraussetzungen des Art. 137 Abs. 5 S. 2 WRV („Gewähr der Dauer" durch Verfassung und Zahl der Mitglieder) und darüber hinaus das ungeschriebene Verfassungserfordernis eines Mindestmasses an „Rechtstreue" erfüllen."

Er spricht im Weiteren von den Komponenten des Verfassungskompromisses der Weimarer Nationalversammlung, „in dem die Beibehaltung des Status der Religionsgemeinschaften als Körperschaften des öffentlichen Rechts erkauft worden ist durch die – strikt paritätische – Ausdehnung des Angebots dieses Status und der mit ihm verbundenen Rechte auf alle Religionsgemeinschaften, die die von der Verfassung geregelten formalen Voraussetzungen erfüllen – unter Verzicht auf jegliche staatliche Wertung des *Inhalts oder der Qualität ihres Bekenntnisses*."[60]

Bezogen auf unsere heutige Situation stehen wir also vor

---

[60] Hermann Weber, Der Körperschaftsstatus der Religionsgemeinschaften in der Bundesrepublik Deutschland nach dem „Zeugen-Jehovas-Urteil" des Bundesverfassungsgerichts, in: Religion-Staat-Gesellschaft, Heft 1/2001.

der folgenden Alternative: Wenn wir keine französische Laizité wollen, müssen wir im Sinne der Gleichbehandlung der Religionen zu einer Lösung kommen, die auch den Interessen der Muslime gerecht wird. Dabei müssen die Schwierigkeiten offen angesprochen werden: Auf muslimischer Seite gibt es sowohl Befürworter, die den Status der öffentlich rechtlichen Körperschaft für den Islam wollen, als auch jene, die vor einer „Verkirchlichung" des Islam warnen. Beide Seiten: Muslime und Gesetzgeber müssen prüfen, ob nicht Lösungen erarbeitet werden können, die von gesetzlicher wie auch religiöser Seite ohne Vorbehalte akzeptiert werden können. Dabei ist gar nicht sicher, ob das Weimarer Kirchenrecht auf eine für alle Muslime akzeptable Form geöffnet werden sollte/müsste. Es wäre auch denkbar, dass die Gerichte eine Vielzahl kleinerer muslimischer Körperschaften akzeptierten, wobei auf die Kriterien „Dauer" und „Rechtstreue" Wert gelegt und das Kriterium „Zahl der Mitglieder" hintangestellt wird.

Dialog: Kein Allheilmittel

Dialog und Kommunikation

Dialog gilt heute als Wunderwaffe. Kommunikation ist das Gebot der Stunde! Richtig ist: Wer Dialog führt, schießt nicht auf den anderen. Doch Dialog alleine löst keine Probleme und die wenigstens wissen, wie man kommuniziert, weil sie nicht wissen, was Kommunikation ist.

Das Wort „Kommunikation" kommt aus der lateinischen Sprache „communicare" und es bedeutet, jemanden partizipieren zu lassen, etwas mit jemandem teilen, gemeinsam besitzen, z. B. Wissen.

Kommunikation bedeutet, Information mit jemandem teilen, ihn an Gedanken, Informationen, Einstellungen, an einer Diskussion oder einem Prozeß der Meinungsbildung teilhaben zu lassen. Ziel ist: am Ende eines Prozesses gemeinsam etwas zu besitzen, das durchaus anders sein kann als der Besitz, z. B. das Wissen über verschiedene Inhalte, zu Beginn. (Man kann das z. B. auch das Gleiche wissen, aber man muß nicht der gleichen Meinung sein.)

Jeder Mensch, der kommuniziert, versucht Informationen mit anderen auszutauschen, die für ihn wichtig sind und von denen erglaubt, dass sie auch für andere wichtig sein können.

Kommunikation durch Dialog

Information kann auf unterschiedliche Art und Weise weitergegeben werden. Von oben nach unten, in einer Offenbarung, einer Predigt, in einem Vortrag, im Frontalunterricht herkömmlicher Art. Davon ist hier nicht die Rede. Wir sprechen bewußt von Kommunikation durch Dialog! Das Gespräch von Mensch zu Mensch ist die erste Grundlage unserer Information. In einer persönlichen Unterhaltung können alle jenen psychologischen Notwendigkeiten angewendet – oder verletzt werden – die im Umgang miteinander notwendig sind: Jeder möchte ernst genommen, respektiert, geliebt werden und jeder möchte bestätigt werden. Eine Unterhaltung, die diese grundlegenden Regeln verletzt, endet schnell damit, dass eine Seite „alles besser weiß" oder es kommt zum offenen Disput.

Darum ist die wichtigste Regel für erfolgreiche Kommunikation, dass sie im Dialog ablaufen muß. Dialog bedeutet: Kein einseitiger Informationsfluss! Dialog ist eine Einladung zu sprechen, zuzuhören und zu antworten.

Zuhören ist ebenso wichtig wie sprechen. Die andere Person zu respektieren ist ebenso wichtig wie sich selbst ins Zentrum zu stellen. Zuhören verschafft Wissen darüber, wie andere Menschen denken und welche Probleme sie haben. Das ist die Grundlage auf der z. B. Problemlösungen erarbeitet werden können.

Die Notwendigkeit, einen Dialog zu führen, bestimmt auch die Technik der Unterhaltung: Es ist z. B. besser, jemandem, dessen Ansicht man nicht teilt, zu antworten „Ja, aber", statt ihm ins Gesicht zu sagen, „das ist völlig falsch". Durch solche Bemerkungen wird jede Unterhaltung, jeder Dialog sofort abgetötet.

Dialog: mehr als das Alltagsgespräch

Es gibt durchaus unterschiedliche Ansichten darüber, für was das Wort Dialog überhaupt steht:

Pia Köppel z. B. setzt Dialog mit dem „gewöhnlichen" Gespräch gleich, sie schrieb vor Jahren:

„Dialog (griech. „Unterredung"), Gespräch zur Darstellung von Problemen (…)

Navid Kermani kommt dagegen zu dem Schluss, dass ein „Dialog" durchaus etwas anderes sein kann als ein normales „Gespräch" zwischen zwei Menschen, wenn er den möglichen Sinn oder Unsinn eines Dialoges beschreibt:

„Aber wozu brauchen wir ihn dann, den interreligiösen

Dialog? Wir brauchen ihn bestimmt nicht, um über den Dialog zu sprechen. Ein Ehepaar, das sich ständig fragt, wozu und in welcher Form es miteinander sprechen soll, wäre ein Fall für den Beziehungstherapeuten. Ein Dialog, der sich selbst ständig thematisiert, ist Ausdruck davon, dass man nicht wirklich miteinander spricht. Wer sich etwas zu sagen hat, führt nicht ständig das Wort Dialog im Mund. Er lebt miteinander, er isst miteinander, er streitet und feiert miteinander, er verreist miteinander und zieht sich gelegentlich auch zurück, er spricht über alles mögliche, über das, was sich gerade ergibt oder das, was besonders drückt, über Erhabenes und Banales, die Steuererklärung und die Verzweiflung. Aber er diskutiert nicht mit seinem Gegenüber, in welcher Form sie einen Dialog führen sollen."

Aus diesem Grund sollte man zwischen Dialog und Gespräch unterscheiden. Dialog ist etwas anderes als das alltägliche Gespräch am Familientisch, im Supermarkt, am Stammtisch…niemand würde vom Dialog in der Familie sprechen, denn auch bei Meinungsunterschieden und unterschiedlichem Informationsstand ist man sich vertraut. Wenn man sich streitet, streitet man auf vertrautem Boden, man kennt sich und hat eine gemeinsame Basis.

„…Deshalb benutze ich den Ausdruck „Gespräch" nicht nur im buchstäblichen Sinne von „Konversation", sondern auch als Metapher für das Bemühen, sich auf die Erfahrungen und Ideen anderer Menschen einzulassen. Und ich betone hier die Rolle der Fantasie, weil solch eine Begegnung, richtig ausgeführt, einen Wert an sich darstellt. Ein Gespräch muß nicht zu einem Konsens über irgendetwas führen und schon gar nicht über Werte. Es genügt, wenn das Gespräch den Menschen hilft, sich aneinander zu gewöhnen."[61]

Spricht man dagegen davon, dass man den Dialog suchen muß und führen sollte, tut man das auf einer anderen Grundlage: die Gemeinsamkeit fehlt: Die Parteien suchen

---

[61] Kwame Anthony Appiah, Der Kosmopolit. Philosophie des Weltbürgertums, C. H. Beck, München 2006, S. 113

den Dialog mit der Jugend, weil sie keine jungen Mitglieder mehr haben und nicht mehr wissen, was die Jugend denkt. Die Einheimischen fordern von den Migranten, das sie sich dialogbereit zu zeigen haben und durch den Dialog beweisen, dass sie dazugehören wollen, etc.

Das muß nicht von vorneherein schlecht sein, der Dialog kann als inszeniertes Gespräch zwischen zwei (institutionellen) Partnern Sinn machen und ohne Zweifeln haben die in Deutschland zwischen Muslimen und Nicht-Muslimen geführten Dialoge durchaus Positives bewirkt. Doch dürfen wir nicht vergessen:

- dass es sich bei einem Dialog um ein inszeniertes Gespräch handelt
- dass die eigentliche alltägliche Kommunikation zwischen Menschen im informellen Gespräch stattfindet
- dass gemeinsames Handeln (das durchaus ein gemeinsames Gespräch zur Vorbereitung und Grundlage hat), immer noch besser ist als nur reden.

Dialog: positiv – negativ
Dialog als Vertrauensbildung

„Dialog statt Abgrenzung – Vertrauen statt Vorurteile" unter diesem Titel wurde 1997 die Abschlussarbeit einer deutschen Muslimin im Rahmen ihrer PR-Berater Fortbildung veröffentlicht. Diese Überschrift entsprach den Hoffnungen der Muslime, durch den Dialog in ihrer Unterschiedlichkeit als gleiche angenommen zu werden. Die Dialoge, die in den späten neunziger Jahren geführt wurden, hatten durchaus eine positive Wirkung: man lernte sich kennen, viele Vorurteile wurden abgebaut. Mit der jährlich wiederkehrenden Veranstaltung „Tag der offenen Moschee" am 3. Oktober etablierte der Zentralrat der Muslime ein dauerhaftes Forum, bei dem sich interessierte Menschen begegnen konnten.

Bewährt hat sich das Netzwerk der Dialogpartner in Deutschland besonders nach dem 11. September 2001: viele Gesprächspartner aus Politik, Kirchen und Medien nahmen den Islam in Schutz vor den Terroristen, die ihn missbrauchten und mehrfach wurde von führenden nicht-muslimischen Persönlichkeiten die Äußerung gemacht, dass nicht der Islam und die Muslime die eigentlichen Feinde seien, sondern diejenigen, die im Namen des Islam Terrorakte verüben. Auch, dass es in Deutschland weniger Übergriffe gegenüber Muslimen gab als in vielen anderen Ländern mag auf die von den Dialogpartnern verbreitete Grundstimmung zurückzuführen sein.

In der Zwischenzeit hat sich die Lage jedoch grundlegend geändert. Immer mehr Politiker, Kirchenvertreter, Wissenschaftler und Journalisten stellen den Dialog in Frage:

Dialog in Frage gestellt

Nach der breiten Welle von Dialogveranstaltungen nach dem 11. September 2001, deren Grundlage der Wille zu einer Verständigung war, sind im Rahmen der Bekämpfung des Terrorismus neue Töne laut geworden: Viele Gesprächspartner der Muslime fragen immer lauter, wer denn wohl für den Islam und die Muslime spräche, ob man nicht mit den falschen Dialog geführt habe. Es wird behauptet, dass viele nicht-muslimische Dialog Führende „blauäugig" seien und daran anknüpfend wird gefragt, ob es wirklich besser sei, „blauäugig" statt „blind" zu sein.

Eine skeptische Offenheit in der Begegnung miteinander ist eine wichtige Grundlage des Dialoges, denn nur sie hilft, von vorne herein Fehlurteile und Illusionen zu vermeiden. Die pauschale in Frage Stellung, wie wir sie seit einiger Zeit erleben, ist allerdings wenig konstruktiv: Wenn man alle Kritiken zusammen nimmt, bleibt niemand mehr übrig, mit dem man Dialog führen könnte und damit wird die gesellschaftliche Kommunikation insgesamt in Frage gestellt. Aber noch wichtiger ist ein anderer Zusammenhang: nur wenn ich mit jemandem spreche oder auch kontrovers diskutiere, kann ich versuchen, eine Änderung in seinen Einstellungen zu bewirken – allerdings auch auf die Gefahr hin, dass ich meine eigenen Einstellungen durch bessere Einsicht revidieren muß.

Noch bedenklicher ist eine weitere Erscheinung: In jüngster Vergangenheit haben kirchliche Dialogpartner der Muslime nach vielen – wie es schien – konstruktiven und fruchtbaren Begegnungen Meinungen geäußert, die einem Wissensstand entsprachen, den man nur bei Menschen vermutet, die noch nie in ihrem Leben mit Muslimen gesprochen haben. Stellvertretend seien hier die Worte eines hohen Repräsentanten der Evangelischen Kirche erwähnt, der auf einmal feststellt, dass das Kopftuch eindeutig ein politisches Symbol sei. Da muß man sich doch ernsthaft fragen, hat der Mann überhaupt nicht zugehört – oder will er sich aus populistischen Gründen auf Kosten der Muslime profilieren? Ebenso ärgerlich ist die immer wieder vorgebrachte Forderung, Muslime müssten sich endlich (!) und deutlich vom Terror distanzieren – wo leben eigentlich die Menschen, die diese Forderung stellen…

Sollte mit dieser Äußerung allerdings gemeint sein, die Muslime müssten sich vermehrt und deutlicher von Terror distanzieren, weil es sonst nicht bei der breiten Mehrheit der Bevölkerung „ankommt", dann wäre es wohl besser, wenn die Dialogpartner der Muslime die Medien öffentlich aufforderten, den Distanzierungen einen breiteren Raum in der Berichterstattung einzuräumen, statt den Muslimen missverständliche Ratschläge zu geben!

Dialog in der Kritik
Allgemeine Kritik am Dialogprozess: Dialog als Ritual

Eine weitere Methode, den Dialog in Frage zu stellen sei hier nicht unerwähnt gelassen: In seinem Aufsatz „„Lieber blauäugig als blind?" Anmerkungen zum „Dialog" mit dem Islam' übt Johannes Kandel von der Friedrich-Ebert-Stiftung heftige Kritik am Dialog. Er beschreibt Dialog als ein Ritual mit folgenden Schritten:

Man betritt die Szene, erklärt seinen Standpunkt, tauscht Papiere aus und trennt sich, mehr oder weniger zufrieden mit dem „Erfolg" der Veranstaltung.

Christliche Kritik an den muslimischen Dialogpartnern

Über diese Formulierung könnte man vielleicht noch schmunzeln. Doch noch etwas pointierter spitzt er seine Kritik zu, indem er konkret das Vorgehen der Muslime verurteilt (seine Thesen werden u. a. aufgenommen von Christian Troll in seinem Aufsatz: „Christian-Muslim Relations in Germany – a Critical Survey"):

Erster Schritt: der muslimische Referent lässt seine nichtmuslimischen Zuhörer fühlen, dass sie vom Islam überhaupt nichts verstehen, bzw. das wenige, das sie wissen, falsch verstanden haben.

Zweiter Schritt: Der muslimische Referent begibt sich in die Opferrolle. Die gesamte bekannte Litanei alter und neuer Skandale und Schwächen des Westens wird aufgezeigt.

Dritter Schritt: Der muslimische Referent verweist auf die Gemeinsamkeiten der Religionen. (Menschenwürde, menschliche Verantwortung vor Gott etc.). Der Muslim habe die Aufklärung nicht nötig, Menschenrechte, Demokratie und Pluralismus seien dem Islam inhärent.

Diese Aufzählung ist vielfach abgeschrieben und verbreitet worden. Eine muslimische Kritik an den christlichen Dialogpartnern fehlt jedoch. Sie soll hier vorgebracht werden, denn es ist wie bei dem Spiel „tictactoe" immer wenn die Muslime eine Forderung ihrer Gesprächspartner erfüllt haben, wird die Antwort in Frage gestellt, oder eine neue Hürde errichtet:

Muslimische Kritik an den christlichen Dialogpartnern:

Erstens: Den Muslimen wird eine Bedingung gestellt: „Zeigt, dass ihr dialogbereit seid, dann glauben wir Euch auch (vielleicht), dass ihr integrationsbereit seid."

Zweitens: Es wird immer wieder die Frage gestellt, ob denn Muslime überhaupt dialogbereit seien. Ja, es gibt sogar Dialogveranstaltungen mit dem Titel: „Kein Dialog möglich?" Angesicht der Vielzahl von Dialogveranstaltungen eine ziemlich überflüssige Frage. (Heute wird von wieder anderen darüber hinaus noch die Frage gestellt, was für ein Interesse die Muslime denn überhaupt am Dialog haben könnten…)

Drittens: Es wird gefordert: „Bekennt Euch erst einmal vorbehaltlos zu Menschenrechten und Demokratie, dann können wir weiter reden."

Viertens: Der Dialog, wird wenn er dann zustande gekommen ist, sofort wieder in Frage gestellt: Alle Äußerungen der Muslime stehen unter dem Taqqiya-Verdacht: Ihnen wird unterstellt, einem (vermeintlichen) Gebot ihrer Religion folgend, würden sie sich mit allen ihren Äußerungen ja doch nur verstellen und der Mehrheitsgesellschaft Sand in die Augen streuen.

Fünftens: Wer positiv über den Islam referiert, dem wird unterstellt, er missioniere.

Sechstens: Wer Kritik am Islam widerlegt, dem wird vorgeworfen, sei Apologet.

Siebtens: Besonders Deutschen, die sich zum Islam bekannt haben, wird vorgeworfen, sie seien 150%ige Fanatiker.

Und als letztes wird denjenigen, die eine Kritik wie diese hervorbringen, vorgeworfen, sie sollten doch aufhören, sich als Opfer zuzusehen und zu lamentieren.

Ein Allerletztes: Wenn gar nichts anderes mehr hilft wird der größte Vorteil des Islam, dass er keine Kirche, Hierarchie, und damit auch keinen Papst hat, gegen ihn gewendet:„ Sie können sagen, was Sie wollen, aber für wen ist das denn verbindlich?

Diese Vorgehensweise ermutigt nicht gerade dazu, weiterhin einen Schwerpunkt auf den Dialog zu setzen. Dennoch ist Dialog als ein Element der Kommunikation zwischen Muslimen und Christen wichtig. Er wird in Zukunft aber nur einen Sinn machen, wenn wir uns über den Ausgangspunkt und das angestrebte Ziel einig sind.

Grundlagen und Zielvorstellungen von Kommunikation und Dialog

Wir brauchen dazu keine selbsternannten Tugendwächter, die den Dialogprozess von außen betrachten, bewerten und Urteile und Verurteilungen über die Beteiligten aussprechen.

Wir brauchen auch keine Dialogpartner, die nach außen Forderungen zum Dialog stellen und negativ über ihre Partner herziehen. Wenn sie etwas zu sagen haben, dann sollten sie das ihren Gesprächspartnern im Rahmen des Dialoges ins Gesicht sagen.

Wir müssen uns stattdessen nach dem Ursprung und dem Ziel des Dialoges fragen: gibt es eine gemeinsame Ausgangsposition und wenn ja, wie sieht sie aus. Gibt es ein gemeinsames Ziel und wenn ja, wie sieht es aus?

Wir müssen uns fragen, ob Dialog die Lösung unserer Probleme bringt oder ob wir nicht darüber hinausgehend dazu kommen müssen, gemeinsam zu handeln.

Eine gemeinsame Basis als Ausgangspunkt

Wenn wir davon ausgehen, dass durch Dialog Kommunikation entsteht, wir nach dem Dialog etwas – und sei es nur Information – gemeinsam besitzen, dann bedeutet im Umkehrschluss die Forderung nach Dialog auch die Anerkennung der Tatsache, dass diese Gemeinsamkeit nicht besteht, dass ein Mangel besteht, den es zu beheben gilt. So verständlich es also ist, dass die Forderung nach Dialog und das Führen des Dialoges einen hohen positiven Stellenwert haben, darf dabei nicht übersehen werden, dass dieses positive Urteil das Eingeständnis einer negativen Situation beinhaltet.

Die Frage, die vor Beginn eines jeden Dialogs gestellt werden sollte / muß, lautet deshalb:

Gibt es überhaupt eine gemeinsame Grundlage für den Dialog. Oder: Was ist die Grundlage für den Dialog? Hier einige Vorschläge dazu:

Der monotheistische Ansatz: Es gibt einen Gott für die Angehörigen der Schriftreligionen, deshalb wollen wir auf dieser Basis miteinander über unsere Religionen reden.

Die Gegenposition: Das ist Geschmuse, um Unterschiede wegzudiskutieren.

Der Europäische Ansatz: Europa ist eine Region, deren Kultur aus den Quellen der jüdischen, christlichen und islamischen Religion hervorgegangen ist, darum müssen wir über unser gemeinsames Erbe diskutieren.

Die Gegenposition (Pirenne): Europa ist in der Abgrenzung zum Islam das geworden, was es ist. Europa und die islamische Welt befinden sich in einem Zustand des Dauerkrieges.

Der deutsche Ansatz: Es wird davon ausgegangen: Christen, Muslime, Juden und Menschen ohne Gottesbezug sind gleichberechtigt. Sie sind gleich unschuldig am Terror, der im Namen ihrer Religion verübt wird, ihre Absichten werden als positiv vorausgesetzt und ihre Aussagen werden als ernst und aufrichtig wahrgenommen.

Die Gegenposition: Muslime sind anders. Sie müssen sich integrieren, zum Grundgesetz, zu Demokratie und den Menschenrechten bekennen, sich von Terror distanzieren, ob man ihnen glaubt, hängt davon ab, ob man der Meinung ist, sie praktizierten Taqia oder nicht.

Ein gemeinsames Ziel vor Augen

Nach der Frage über die gemeinsame Grundlage müssen wir auch den Dialog darüber führen, was das gemeinsame Ziel ist und anstreben, dieses Ziel im Dialog und im gemeinsamen Handeln zu verwirklichen.

Ein Ziel könnte es sein, in Deutschland zu lernen, Vielfalt zu feiern und die Menschen in unserem Land dazu bewegen, Vielfalt als natürlich zu akzeptieren und somit unser Land auch sicher zu machen für alle, die anders sind!

Um noch einmal auf die Kommunikationstheorie zurückzukommen: Gemeinsam etwas zu besitzen (z. B. Informationen über den Islam und die Muslime), muß nicht heißen: übereinstimmen

Wir können alle auf der Basis des Grundgesetzes stehen, aber durchaus andere Meinungen in der Politik vertreten

Wir können alle religiös sein, aber durchaus anderen Religionen angehören (Ich habe meine Religion und Du Deine)

Wir können alle für die Freiheit sein, aber ganz unterschiedliche Meinungen haben, wie diese Freiheit genutzt werden soll.

Schlussbemerkung:

Unsere Bemühungen dürfen nicht beim Dialog stehen bleiben. Wir müssen dazu kommen, gemeinsam zu handeln, gemeinsam Probleme zu lösen, die uns gemeinsam betreffen: Von Arbeitslosigkeit zu Umweltschutz, von finanzieller Globalisierung zu internationalem Frieden!

Die Zukunft: Handeln statt reden!

Gemeinsames Handeln kann auf vielen Ebenen stattfinden. „AktionCourage e. V." hat mit dem Projekt „Integration von Muslimen und muslimischen Organisationen in Deutschland" ein Zeichen gesetzt: In Berlin und Mainz wurden von 1999 bis Anfang 2004 eine Vielzahl von Initiativen ergriffen, um Muslime und muslimische Organisationen mit Organisationen und Institutionen der deutschen Mehrheitsgesellschaft zu Kooperationen zusammenzuführen und dauerhaft zu vernetzen.

Während seiner Dauer ist es dem Projekt in beiden Städten gelungen, durch viele einzelne Initiativen in vielen unterschiedlichen Bereichen – von Krankenhäusern bis zum Sport, von Schulen bis zum Sprachunterricht – Kooperationen zwischen muslimischen Verbänden und Institutionen der Mehrheitsgesellschaft zu verwirklichen, die zu einer Vernetzung geführt haben. Leider sind nach dem Ende der Finanzierung durch Bundesmittel die Kontakte wieder eingeschlafen und nur vereinzelt haben Aktivitäten überlebt.

Dennoch. Durch seine Vorgehensweise ist das Projekt einen entscheidenden Schritt über die in Deutschland in der Regel geführten „Dialog-Diskurse" hinausgegangen. Die Bedeutung des in den vergangenen Jahren in Deutschland geführten Dialogs zwischen Muslimen und Mehrheitsgesellschaft kann zwar angesichts der Situation nach dem 11. September 2001 gar nicht hoch genug eingeschätzt werden. Diese Dialoge haben ohne Zweifel dazu beigetragen, dass die Reaktionen auf den Islam und die Muslime in Deutschland weniger heftig ausgefallen sind, als in manchen anderen europäischen Staaten. Es darf aber auch nicht außer Acht gelassen werden, dass das Projekt mit seinem neuen und bislang einzigartigen Ansatz nach dem Motto „Handeln statt Reden" Dialogrituale durchbrochen hat, in denen sich oft Vertreter der Mehrheitsgesellschaft mit Vertretern der Muslime zusammenfinden und sich darüber unterhalten, inwieweit Muslime dialogfähig und dialogwillig sind – vom „Metadialog" ganz zu schweigen, in dem hinterfragt wird, wer mit wem wie blauäugig Dialog führt.

Die Ausweitung des Personenkreises über einen christlich-islamischen Dialog hinaus und die umfassende Einbeziehung von Themen der alltäglichen Lebenspraxis haben dem Projekt eine Bedeutung und Reichweite gegeben, die es so umfassend in Deutschland noch nicht gegeben hat.

AktionCourage e. V. wurde 1992 gegründet. Anlass für die Gründung waren die fremdenfeindlichen Brandanschläge unter anderem in den Städten Mölln und Hoyerswerda. Diese Anschläge zeigten, dass Gewalt und Rassismus in Deutschland zunehmend aggressiver wurden. AktionCourage e. V. wollte diesen bedrohlichen Tendenzen durch gezielte Antidiskriminierungsarbeit entgegenwirken und initiierte seither unterschiedliche Projekte im Antidiskriminierungsbereich.

Jeder kann etwas tun!

Das Projekt ging davon aus, dass alle, die in Deutschland dazu beitragen wollen, dass Muslime und Mehrheitsgesellschaft bestehende Probleme gemeinsam lösen und zu einem konfliktfreien Zusammenleben finden, das auch können. Dabei spielt es keine Rolle, ob es sich dabei um einen „Privatmann" oder eine „Privatfrau" handelt oder z. B. um ein Mitglied in einem Verein, einem Verband, einer Partei, einer städtischen Verwaltung oder einer Kirchengemeinde.

Die grundlegenden Schritte, um etwas zu erreichen, sind immer die gleichen: Es kommt darauf an, möglichst von Anfang an gemeinsam

- Defizite, Bedürfnisse und Probleme aufzuspüren,
- eine Idee zu ihrer Lösung zu entwickeln und verständlich zu formulieren,
- Mitstreiterinnen und Mitstreiter zu gewinnen,
- mit denjenigen Kontakt aufzunehmen, die für die Verwirklichung des Vorhabens wichtig sind
- gemeinsam die notwendigen Schritte zu planen und durchzuführen und

- über die Ergebnisse zu informieren und sie dadurch sowohl denen, die aktiv werden wollen, als auch denjenigen, die vernetzt werden sollen, zugänglich zu machen

Die Muslime: Einzelne Muslime können ebenso aktiv werden wie Moscheegemeinden oder andere Verbände und deren Repräsentanten.

Die Mehrheitsgesellschaft: Auch im Bereich der Mehrheitsgesellschaft kann Einzelinitiative gleichermaßen erfolgreich sein, wie Initiativen von den Vertreterinnen und Vertretern von Politik, Verbandswesen und kirchlichen Gemeinden. In diesem Sinn beinhaltete das Projekt viele unterschiedliche Maßnahmen und hatte die unterschiedlichsten Unterstützer, Zielgruppen und institutionellen Ansprechpartner. Dazu gehörten: Interkulturelle Schulungen, die Arbeit von Erzieherinnen in Kindertagesstätten, die Einbeziehung von Mitarbeiterinnen und Mitarbeitern von Gefängnissen, Kommunale Verwaltungen, Runde Tische, Krankenhäuser, Migrantinnen und Migranten im Alter, Sprachkurse.

* * *

Während das Projekt der Aktion Courage hauptsächlich aus lokalen Initiativen bestand, um vor Ort Menschen zusammen zu bringen, darf nicht vergessen werden, das auch überregional und national Aktionsfelder bestehen, auf denen durch Initiativen mit großer Ausstrahlung Einstellungen verändert werden können. Über zwei Beispiele soll deshalb folgend berichtet werden:

Das Wirken des amerikanischen Botschafters William Timken und seiner Frau Sue in Berlin setzte Zeichen für ganz Deutschland. Und das Ashmolean Museum in Oxford revolutioniert in seinem neuen Haus mit einem neuen Ausstellungsmotto „Crossing Cultures – Crossing Times" die Betrachtung der gemeinsamen Geschichte von Ost und West.

Das Ashmolean Museum
Crossing Cultures – Crossing Time

John Tradescant, der Ältere, und Lord Ashmole waren beide Sammler – wenn auch mit ganz unterschiedlichen Schwerpunkten. John Tradescant (und später sein Sohn, ebenfalls John) sammelte Tiere, Fische, Schlangen, Rüstungen, Münzen, Muscheln Federn… und stellte sie in seinem Museum in Lambeth, das er „Die Arche" nannte aus. Er schuf damit eine öffentliche Attraktion, die zugleich ein wirtschaftliches Unternehmen war und die der Bildung diente. Lord Ashmole sammelte seinerseits Bücher und Manuskripte, aber auch Münzen und Medaillen. 1659 beschloss John Tradescant, der Jüngere, seine Sammlung Lord Ashmole zu übergeben. Ashmole seinerseits vermachte die vereinte Sammlung der Universität von Oxford. 1679 wurde der Grundstein für ein neues Gebäude gelegt, das 1683 fertig wurde und in dem 12 Wagenladungen mit den gesammelten Schätzen beider ausgestellt wurden. So war alles war gut vorbereitet, als der Duke of York, der spätere König James II, am 21. Mai 1683 das Museum offiziell eröffnete! Das Ashmolean Museum gilt seither als das erste für die Öffentlichkeit zugängliche Museum Englands. Als integraler Bestandteil der Universität von Oxford war und ist es darüber hinaus immer an vorderster Front, wenn es darum ging und geht zu überlegen und zu verwirklichen, wie Museen am besten Lernen, Freude und Genuss für ein breites Publikum verwirklichen können. Mit einem neuen Gebäude und einer völlig neuen Ausstellungskonzeption ist es dabei, sich neu zu erfinden und eine Zusammenschau kultureller Entwicklungen zu präsentieren, die das Zusammenleben der Menschen nicht nur in England grundlegend verändern kann.

Ein neues Gebäude und die neue Sicht der Dinge

Über zehn Jahre lang wurde geplant, Geld gesammelt und dann schließlich gebaut. Wenn im November 2009 das neue Ashmolean Museum sein Pforten öffnet, wird nicht nur ein neues Gebäude die abgerissenen Eisenkonstruktionen des 19. Jahrhunderts ersetzt haben – mit einer völlig neuen Ausstellungsstrategie werden auch neue Standards für Museen gesetzt werden. Das neue Gebäude hat 39 Ausstellungsräume (galleries), einige davon zweistöckig, die meisten einstöckig. Diese Galerien sind nun aber nicht Schuhkartons, d. h. geschlossene Räume, wie man sie aus herkömmlichen Museen kennt, viele sind auf einer Seite offen, grenzen an Lichtschächte, die durch das ganze Gebäude gehen, und sie sind über die Lichtschächte durch Brücken mit anderen Räumen verbunden. Das Resultat: Die Besucher können von vielen beliebigen Punkten aus unterschiedliche geschichtliche Epochen gleichzeitig in ihren Blick fassen, kulturelle Beziehungen, die in vielen Jahrhunderten entstanden, können auf einen Blick erkannt, Zusammenhänge hergestellt werden.

Ein neues Ausstellungskonzept

Die architektonische Besonderheit des neuen Museumsgebäudes ist kein Zufall, sie ist das Ergebnis einer sorgfältig erarbeiteten neuen Ausstellungsstrategie mit dem Titel: „Crossing Cultures, Crossing Times". Durch dieses Konzept werden die Ausstellungsstücke als Teil einer breiten Erzählung (narrative) erkennbar. Sie werden in einen klaren geographischen und zeitlichen Zusammenhang gestellt, so wird z. B. der Weg des blau-weißen Porzellans durch die Geschichte von China über die islamische Welt bis hin in die Niederlande aufgezeigt.

Mare Nostrum – „unser" Mittelmeer

An zentraler Stelle im Museum gibt es einen völlig neuen Ausstellungsraum mit dem Titel „Die Mediterrane Welt seit 300 AD". Das Ende ist bewusst offen gelassen, um so Raum zu bieten für die Erforschung von Kulturen nördlich und südlich des Meeres von der Antike bis his zur frühen modernen Periode. Der Raum zeigt die mediterrane Region als Treffpunkt verschiedener Kulturen über viele Jahrhunderte hinweg.

Die Mitte des Ausstellungsraumes bildet eine große Land- oder besser Seekarte, die fast sechs Meter lang ist. Drei Vitrinen sind in sie eingelassen, eine offene Plattform bietet einen Überblick und an ihren Enden stehen zwei Tischvitrinen. Die Vitrinen zeigen: ein byzantinisches Schiffswrack, die persönlichen Habseligkeiten eines christlichen Pilgers und eine Landkarte mit den wichtigsten Pilgerrouten, sowie Hilfsmittel zur Navigation und Zeitmessung – einschließlich einer von Muslimen erstellten Karte des Mittelmeeres und eines hispanomoresken Astrobaliums. Zwei Transport-Amphoren stehen auf der Karte. Sie illustrieren den Weinhandel von Syrien in den Sudan um 500 AD. Die wichtigsten Handelsrouten werden auf der Karte verzeichnet. Zurzeit sind sie bevorzugter Gegenstand wissenschaftlicher Forschung.

An den Wänden werden die Besucherinnen und Besucher Ausstellungsstücke sehen, die mit den Städten Rom, Konstantinopel, Jerusalem und Kairo, den großen Metropolen des Mittelmeeres, zusammenhängen. Vitrinen zeigen Münzen, die in der ganzen Region benutzt wurden, wie z. B. byzantinische Solidi und venezianische Dukaten. Sie präsentieren den Handel von Luxusgütern wie z. B. Seide, Kristall und Elfenbein. Die Beziehungen zwischen dem fatimidischen Kalifat und dem byzantinischen Reich können durch teuere sowie durch einfachere Güter nachvollzogen werden. Durch die vielfältigen Münzen wird auch die gotische, byzantinische, arabische und normannische Geschichte Siziliens erlebbar.

Die erste Ausstellungswand der chronologischen Sequenz des Raumes untersucht die großartige multireligiöse Metropolis Rom, im 4. Jahrhundert AD, in der christliche, jüdische und heidnische Gemeinden koexistierten. Eine kürzlich vom Ashmolean Museum erworbene Sammlung von Goldglas aus den Katakomben ist Mittelpunkt dieser Präsentation.

Die Südwand zeigt die geographische und chronologische Ausbreitung des byzantinischen Reiches und seiner nachfolgenden Geschichte als Ursprung der klassischen Zivilisation mit dem besonderen Focus auf Konstantinopel, seiner Hauptstadt. Drei Schaukästen zeigen Teile der byzantinischen Münzsammlung des Ashmolean sowie Gegenstände von Kircheneinrichtungen. Ein Ikonenraum wird nachempfunden. In ihm hängt ein bronzenes Prozessionskreuz neben einem byzantinischen Kronleuchter von der Decke. Die Ikonen hängen wie in einer Kirche an der Wand. Im Zentrum steht ein spektakuläres Paar goldener Torflügel aus einem griechischen Kloster aus Kapadokien. Die Ikonen werden klar zu sehen sein, durch den Einsatz von speziellen Lampen wird jedoch der Eindruck von Kerzenlicht simuliert, so das eine dunkle, mystische Atmosphäre erzeugt wird, die zeigt, wie die Ikonen an ihrem ursprünglichen ort wahrgenommen werden konnten.

Die „Jerusalem"-Wand zeigt die Rolle der Stadt als Zentrum von Wallfahrten von Juden, Christen und Muslimen. In diesem Abschnitt der Ausstellung gibt es z. B. ein beachtenswertes Modell der Kirche des Heiligen Grabmals aus Elfenbein, eine einfache Wasserflasche aus Perlmutter für Pilger aller drei Religionen, hergestellt von einem jüdischen Glasbläser, der einfach die Dekorationen variierte, um sie den unterschiedlichen Glaubensvorstellungen seiner Kunden anzupassen.

Das Alltagsleben in Kairo wird zu Zeiten der koptischen und frühislamischen Periode gezeigt. Dazu gehören fatimidische Keramiken, Textilien, und glasierte Keramiklampen. Geplant ist ein Audio-Führer mit Auszügen des Geniza Archives mit Dokumenten, die in einer Synagoge in Kairo gefunden wurden und bis ins zehnte Jahrhundert zurückreichen. Detailliert zeichneten sie das Alltagsleben der jüdischen Gemeinde auf.

Die Galerie der mediterranen Welt wird in einem der zweistöckigen Räume im ersten Stock des neuen Gebäudes untergebracht und die erste dieser Art in dieser Größe in der ganzen Welt sein. Die Galerie wird auch die geographische und thematische Verbindung zu den angrenzenden Galerien sein: Die Nordwand (Kairo) ist die historische Einführung zur Ausstellung der Kunst im Islamischen Mittleren Osten. Und die Ostwand (Jerusalem) ist die Verbindung zur Präsentation des römischen und mittelalterlichen Zypern und der Kreuzfahrer. Neben der mediterranen Galerie werden zwei neue, dem griechischen Bronzezeitalter und dem klassischen Griechenland gewidmete Galerien einen Überblick über die wichtigste Sammlung klassischer Antiquitäten in England geben.

Im ganzen Ausstellungsraum gibt es Erläuterungen auf Texttafeln, die dem neuesten Stand der Forschung entsprechen. Wo immer möglich, werden Besucher der Städte in Ost und West zitiert. So wird im Bereich von Konstantinopel die florentinische Buondelmonti Karte der Stadt einem Zitat von Ibn al-Wardi gegenüber gestellt. Ein detaillierterer Eindruck der Hagia Sophia wird erreicht durch Beschreibungen des jüdischen Reisenden Benjamin von Tudela (Spanien) und des muslimischen Reisenden Ibn Battuta. Für Kairo werden Zitate des Ibn Khaldun von Sevilla den Zeichnungen des britischen Reisenden Edward Lane aus dem 19. Jahrhundert gegenüber gestellt.

Besucher werden angeregt, näher hinzuschauen und kulturelle Überkreuzverbindungen zu suchen durch Aktivitäten wie z. B. dem Aufspüren der Darstellung von Hasen – ein Motif, dass es sowohl in fatimidischen und byzantinischen Keramiken gibt, ebenso wie auf koptischen Briefmarken.

210

Das "Yousef Jameel online centre for the study of Islamic and Eastern Art"

Nicht nur im Bereich gegenständlicher Ausstellung realer Exponate wartet das Ashmolean Museum mit einer neuen Präsentation auf. Auch seine über 4.000 Objekte aus der islamischen Welt werden auf völlig neue Art zu sehen sein: Konnte bis jetzt aus Platzgründen immer nur ein kleiner Teil ausgestellt werden – und manche Preziosen wie z. B. die Stickereien aus Lichtschutzgründen gar nicht – werden bald alle Objekte virtuell zu betrachten sein. Sie wurden fotografiert, digitalisiert und dann auf einer neu geschaffenen Webpage ins Internet gestellt. Yousef Jameel, ein großzügiger Förderer von Erziehung und kulturellen Initiativen auf internationaler Ebene war zu der Überzeugung gekommen, „dass Wissen jedem zugänglich sein soll, zu jeder Zeit und gleich an welchem Ort er ist. Ein Online Center für das Studium von Islamischer und Asiatischer Kunst ist ein Meilenstein auf dem Weg dorthin. Ich möchte, dass das Center der Mittelpunkt eines zukünftigen weltweiten Netzwerkes wird, durch das man erkennen kann, wie unterschiedliche Kulturen von einander gelernt und das Leben der Menschen bereichert haben." Auch diese virtuelle Ausstellung wird durch die Integration von islamischer und asiatischer Kunst zeigen, dass Kunst nicht in Isolation entsteht, sondern dass die großen künstlerischen Traditionen von einander beeinflusst wurden und werden.

Der amerikanische Weg

Das politische Establishment Berlins war nicht „amused" als im Sommer 2005 bekannt wurde, dass der neue Botschafter der Vereinigten Staaten von Amerika, William Timken III, kein Berufspolitiker war. Wie es dem amerikanischen System entspricht, war mit ihm ein hochrangiger Spender und Unterstützer des Präsidenten zum Repräsentanten der Nation gemacht worden.

Die Augenbrauen wurden noch höher gezogen als nur wenige Monate später – im Ramadan / November – Einladungen an eine Gruppe von Muslimen zum Fastenbrechen in die Residenz des Botschafters ergingen. Es stimmte alles: Milch und Datteln zum Fastenbrechen, ein hervorragendes Dinner und hochinteressante Unterhaltungen. Was in den Augen vieler nicht stimmte, war die Gästeliste: Seine Exzellenz und seine Frau, Sue Timken, hatten quer durch die muslimische Community eingeladen – auch Personen, die vom Verfassungsschutz beobachtet wurden und Vertreter, deren Organisationen als verfassungsfeindlich gelten. Und es wurden Fragen gestellt, wie z. B.: „Weiß der nicht, was er tut?" „Will er die deutschen Behörden provozieren?" oder Kommentare abgegeben (von Personen, die glühende Verfechter des Irakkrieges waren) mit dem Tenor: „Was hat der sich denn bei uns einzumischen?"

Botschafter Timken wußte genau, was er tat: In seiner kurzen Begrüßungsansprache machte er deutlich worum es ihm ging: „Wenn wir in den USA ein Problem erkennen, versuchen wir die Menschen und die Umstände kennen zu lernen, wir gehen auf die Menschen zu und versuchen gemeinsam Lösungen zu finden. Aus diesem Grund haben wir Sie heute Abend hier eingeladen: Sue und ich möchten Sie kennen lernen und gemeinsam mit Ihnen überlegen, was wir für Muslime in Berlin und in Deutschland tun können.

Für Sue und mich gibt es darüber hinaus auch noch einen persönlichen Grund: Wir sind glückliche Großeltern von 6 Enkeln. Wenn wir unsere Probleme heute nicht lösen, werden unsere Enkel sie in verschärfter Form erben – und das wollen wir nicht."

Zugegeben, das ist nicht ganz die Strategie des Präsidenten, aber Botschafter Timken und seine Frau bewiesen in den folgenden Monaten und Jahren bewundernswerte Konsequenz bei ihren Kontakten mit und Initiativen für die muslimische Community in Deutschland: Es folgten ganztägige Seminare mit Begegnungen zwischen Schülerinnen und Schülern von sechs Berliner Schulen – von Gesamtschule bis Gymnasium – und engagierten Muslimen aus den USA, das Botschafterehepaar hob ein Besuchsprogramm für deutsche Schülerinnen und Schüler muslimischen Glaubens aus der Taufe, in der Residenz des Botschafters fanden Treffen von arrivierten Muslimen mit Schülern aus Problemschulen statt, um ihnen die Möglichkeit zu geben, mit Rolemodels zu sprechen und Zutrauen zu ihren eigenen Fähigkeiten zu gewinnen. Die größte Initiative war ein Vertrag mit den Musiker und Choreographen Todd Fletcher, der mit einer Schulkasse aus dem Wedding ein Musical schrieb und inszenierte „The Streets of Wedding", in dem die Kids absolut unerwartete Talente im Tanzen und Singen zeigten. Mit Unterstützung des Bundesinnenministeriums ging das Musical später in Deutschland auf eine kleine Tournee. Zwischen diesen Ereignissen gab es immer wieder Treffen und Dinners in der Residenz, und Martin Vogtherr war dankbar, dass er das Botschafterehepaar immer wieder durch Beratungen unterstützen konnte. William Timken und seine Frau haben damit innerhalb von drei Jahren mehr angestoßen und bewegt als manche Landesregierungen in vierzig Jahren!

Zentrale Ereignisse waren 2006 und 2007 Veranstaltungen zum Gedenken an den 11. September, die zusammen mit der Muslimischen Akademie in Deutschland geplant und durchgeführt wurden. Im September 2007 fand die Gedenkstunde unter großer Anteilnahme in der Residenz statt. Martin Vogtherr hielt als Vertreter der Muslimischen Akademie folgende Rede:

In the Name of God, the Compassionate, the Merciful

Your Excellency, dear Sue Timken,
Dear Ambassador Zulfacar,
Meine Damen und Herren,
Dear Brothers and Sisters,

Today we have come together in memory of the victims of 9/11 and to show our solidarity with their families.

Let me share with you on this occasion two messages concerning the relationship between Muslims and Americans and one suggestion of how we can proceed together in future.

Sept. 11th happened to me while I was at an international get-together in the far away forests of Michigan. The memories of this terrible event are as present as if it had happened yesterday. However I also remember gestures of brotherhood offered to me as a German Muslim by Americans who where present at that occasion.

When we began slowly to fully understand what had happened I must have looked pale and horrified. An American who saw this walked up to me embraced me and said: „We are in this together, you are not alone!" Later during the day as a true German I felt the need to explain myself and to make sure everybody would understand that Islam is a peaceful religion. One of the leading psychologists of the West Coast cut me short. He said: „You do not have to say anything. We know: Muslims can come in many different ways!"

In this moment of horror and shock this statement had a tremendous effect on me: It made me feel at home and I am still grateful to have been among these Americans who made me understand by their behaviour that they knew that – and this is my first message –
Muslims are not the natural born enemies of Americans.

Let us come to Berlin now: Ambassador Timken and Sue Timken during the past two years have reached out and build bridges to the Berlin and German Muslim community like nobody did before in Germany, in a totally unbiased and open way for which we all are immensely grateful. Among many other ac-

214

tivities they have made it possible for kids from underprivileged schools to spend some time in the USA. And there these kids experienced something which I would like to use as my second message. They discovered

Americans are not the natural born enemies of Muslims!

If we put these two messages into the back of our minds I think we have the foundations on which to build peace.

Now I am not suggesting that this world is a world of love and peace. We are no longer living in the San Francisco of 1967. We live in the real world of 2007.

So what can we do?

Let me go back to that event in Michigan again. In the evening we all got together – not to mourn, but to have a celebration of life! The organisers had set up two tables on either side of the sun deck. On one of them there were sheets of paper, pencils, candles, fruits and flowers. Each of us was asked to take something and bring it to the other table. By doing so we each picked a piece from the past and brought it to the future, making the second table the starting point towards something new and hopefully better. Some said short prayers, we all hugged each other giving each other strength. Above us we saw the brilliant clearness of the stars in the Northern American sky, and even though at this moment nobody knew what the future would bring, we knew we would do it together.

In this action there lies a great truth for me: We indeed can decide for ourselves which elements we take from the past, is it sorrow, despair, hate and the memory of endless wars? Or is it the memory of love we experienced, of culture and trade which brought our peoples together? We ourselves have to decide which thoughts we choose to be the corner stones for our future.

I know that man can be man's wolf, and I remember well that the first murder happened when one brother killed the other.

But for me there are also clear messages: All men are created equal, and we should all strive in a communal effort to build a home for mankind so that we can live together in peace!

Kein Ort, nirgends

Ein Dezemberabend in Beverly Hills. Es war spät geworden. Nach einem köstlichen chinesischen Abendessen bei Eugene Kang und dem traditionellen Schlaftrunk der Gruppe im Abbey Café in West Hollywood waren Helen, Martin Vogtherr und seine Freunde Bob, Neil und Jeni noch auf einen Drink zu Helen gefahren. Draußen war es für diese Jahreszeit in Los Angeles ungewöhnlich kalt, drinnen blies die Klimaanlage leise warme Luft in die große weiße Wohnhalle. Es war still, alle hingen ihren Gedanken nach. Dann begann Helen zu sprechen. Mit großer Sympathie machte sie Martin Vogtherr klar, dass sie genau wisse, wie es sei, als Minderheit in einem Land zu leben. Sie habe es damals als Kind nur am Rande miterlebt, was ihren Eltern geschehen sei. Ihr jüdischer Vater sei Gott sei dank klug genug gewesen, die Ausreise aus Deutschland früh genug zu betreiben. Als es klar geworden sei, dass die Familie ihre Heimat verlassen würde, wäre ihre Mutter, eine Katholikin stark bedrängt worden: Priester waren gekommen, um ihr zu sagen, sie sei jederzeit in der Kirche wieder willkommen, wenn sie ihren Mann verlassen würde und in Deutschland bliebe. Auf die Frage, was mit ihren drei Kindern geschehen solle, erhielt sie die Antwort: die können ruhig mit ihrem Mann ziehen, das sind sowieso Bastarde. Die Mutter ging mit ihrer Familie nach Amerika.

Alle waren sprachlos und betroffen, denn in all den vergangenen Jahren hatten weder Helen noch ihr Mann Kurt jemals über die Vergangenheit gesprochen. Doch Helen war noch nicht zu Ende. Sie gab Martin Vogtherr zu verstehen, wie sehr sie mit ihm fühlt, dass sie sich vorstellen könne, was es heißt als Muslim in Deutschland zu leben, einem Land, dass kulturell nach wie vor ausschließlich von einer christlichen Kultur geprägt ist, das kulturell homogen ist und in dem jede Abweichung mit hochgezogenen Augenwinkeln betrachtet wird.

217

Bob stellte fest, dass es immer beklemmend für ihn sei zu erleben, wie einheitlich und fast schon totalität das Muster der deutschen Gesellschaft ist. „Alles ist christlich, und wenn du nicht christlich bist, wirst du als Außenseiter betrachtet und zu einer verfolgten Minderheit." Deutschland, so sagte er, ist Lichtjahre entfernt vom Modell der amerikanischen Gesellschaft, die ein Flickenteppich ist von Minderheiten. Er mußte zugestehen, dass die Elite der WASP (White Anglo Saxon Protestants) immer noch die Mehrheit hielt, aber er war davon überzeugt, dass ihr Ende abzusehen sei.

Helen wünschte Martin Vogtherr Mut und drückte die Hoffnung aus, dass er hoffentlich nie mehr bedroht würde. „Bitte versprich mir, dass Du rechtzeitig gehst, in ein Land Deines Glaubens oder zu uns in die USA, wo Du in Freiheit Deinen Glauben leben kannst."

Es war kalt und dunkel als sie sich vor der Tür umarmten. Doch von Helen, ihrer zerbrechlichen und doch so starken Persönlichkeit gingen Wärme und Kraft aus und er fühlte eine große Ruhe und Zufriedenheit, als er über die Kronen der Palmen hinaus in den klaren fernen Sternenhimmel des Südens blickte...

Die Gedanken dieses Gespräches ließen ihn auch am nächsten Tag nicht los. Es schien ihm eine große Verlockung zu sein, in einem Land zu leben, in dem er zur Bevölkerungsmehrheit gehören würde oder in dem Land der großen Freiheit, in dem jede Minderheit ihre eigene Mehrheit war. Er wünschte nur, er könnte an das glauben, was Helen und sein Freund gesagt hatten. Aber dann mußte er an die Internierungslager für Japaner in den USA im Zweiten Weltkrieg denken und an den deutschen Muslim, der in einem islamischen Land jahrelang in der Todeszelle gefangen gehalten wurde. Das Urteil hatte gelautet „Spion", aber es war klar, dass er nur für den Austausch mit Terroristen festgehalten wurde, den Helmut Schmidt nicht zuließ, den aber Helmut Kohl kurz nach seiner Amtseinführung veranlasste.

Und er mußte an den Preis denken, der in Nord- und Süd-

amerika dafür bezahlt wurde, dass die Mehrheit der Einge-
borenen durch die Mehrheit der Einwanderer ausgetauscht
wurde. Dass die Einwanderer das, was sie taten, mit gutem
Gewissens taten, hatte er bei Kipling sehr anschaulich beschrieben gefunden:

„Jede Nation bewegt sich, ebenso wie jedes Individuum,
auf selbstgefällige Art und Weise – sonst könnte sie gar nicht
bestehen. Aber ich bin nie darüber hinweg gekommen, wie
Menschen, die die Ureinwohner ihres Kontinentes gründli-
cher ausgerottet haben als jedes andere moderne Volk, ernsthaft glauben können, dass sie eine gottesfürchtige kleine Neu-
england Gemeinschaft sind, die ein Beispiel für die brutale
Menschheit ist. Ich erklärte Theodore Roosevelt im Smithso-
nian Museum in Washington dieses wundersame Verhalten.
Seine heftigen Erwiderungen ließen die Glasbehälter mit den
Relikten der Indianer klirren."[62]

Die Gedanken Martin Vogtherrs schweiften zurück. Seine
unbändige Reiselust hatte ihn in den vergangen Jahren in viele Länder der Erde geführt, nach Pakistan und Marokko, nach
Brunai und in den Sudan; Dienstreisen hatten ihn nach Jor-
danien und Usbekistan, Kenia und Djibouti geführt. Er stand
auf den Ruinen eines Tells im Zweistromland, im Palast des
Darius in Persepolis im Iran. Er hatte die imponierenden Gebäude des Baku im ersten Ölboom gesehen, oder in Bukarest
den Glanz der Vorkriegszeit erahnt. Überall gab es Fassaden,
die von einstigem Glanz und Ruhm und Wohlstand zeugen,
für den es heute keine Basis mehr gibt. Mit der Hochbahn
war er durch verkommene und von den Menschen aufgege-
bene amerikanische Vorstädte gefahren. Und er hatte gesehen: nichts ist von Dauer. Auf die Frage: „Was bleibt von dem,
was wir aufgebaut haben? Was wird von uns übrig bleiben?"
gab es nur eine Antwort: Wenig! Sicherheit gibt es für keinen,
nirgends.

---

[62] Rudyard Kipling, Something of Myself, Penguin Books, London 1936,
S. 106.

Flug BA 298: Über dem Atlantik

Mit voller Beschleunigung war der Jumbojet der BA 298 von Flughafen O'Hare in Chicago gestartet und hatte Kurs auf London genommen. Der Mann machte es sich in der Spitze des Flugzeuges in seiner kleinen Privatkabine gemütlich. Er hatte vor dem Start in der Lounge zu Abend gegessen, an Bord so bald es möglich war, seinen Sitz in ein flaches Bett verwandelt, war dann in den Schlafanzug geschlüpft und unter die Daunendecke gekrochen. Die Fensterläden waren noch nicht heruntergelassen und er lag nun im Dämmerlicht und blickte in den nächtlichen Himmel, in dem die Sterne zum Greifen nah waren.

Da alle Direktflüge von Los Angeles nach Europa ausgebucht gewesen waren, hatte er von Palm Springs aus einen Zwischenstopp in Chicago machen müssen. Die kurze Zeit auf dem Flughafen brachte die Erinnerung an einen Abend vor einiger Zeit zurück. Wie jedes Jahr war er als Zuschauer zur Weltmeisterschaft seiner Kampfsportart nach Chicago gekommen. Und wie immer hatten sie nach Abschluß der Meisterschaft und der Siegerehrung noch eine Weile gefeiert und in der Lobby des Hotels zusammen gesessen. Den Mitgliedern seines eigenen Clubs war seine Schweigsamkeit aufgefallen. Er war nicht nur körperlich ausgelaugt, sondern auch tief in Gedanken versunken.

Am Nachmittag hatte er sich noch einmal herausfordern lassen. Es war eigentlich völlig absurd gewesen, aber ein Blick in die fragenden gletschergrünen Augen seines Gegenüber hatte zum Gespräch geführt, ein Wort das andere ergeben und auf einmal fanden sie sich im Kampfanzug in einem der leeren Trainingssäle wieder: vor ihm der junge durchtrainierte Champion. Was als generöses Ritual eines älteren Meisters gegenüber einem jungen Star gedacht war, wurde auf einmal Ernst. Der Mann konnte dem Adrenalinschub in seinem Körper nicht widerstehen und so war ein echter und harter Kampf ausgebrochen. Im ersten Augenblick war er überrascht gewesen, wie gut er tatsächlich immer noch war, doch dann war der niederschmetternde Schlag gekommen und er war zu Boden gegangen. Beide hatten in diesem Moment atemlos innegehalten, der Champion eher erschreckt als stolz, dass er ein Idol gestürzt hatte und der Mann selber weniger beschämt und unzufrieden als von dem Gefühl durchdrungen, einen würdigen Nachfolger gefunden zu haben. Sie hatten sich voreinander gebeugt, die Hände geschüttelt und sich dann umarmt: Der weiße Kosmopolit, der – im Westen erzogen – sein Leben lang gelernt hatte, die Werte anderer kennen zu lernen und zu respektieren, sie zugleich als Visionen zu verstehen und nicht mit der Wirklichkeit zu verwechseln, und der junge Champion, dessen dunkle Hautfarbe seine Herkunft aus der südlichen Hemisphäre erkennen ließ, auf dem Weg an die sportliche Weltspitze. Er hatte, wie der Mann zu seiner Zeit, die ersten beruflichen Schritte zu einer internationalen Karriere und einer einflussreichen Position bereits gemacht. „Fusion, that's the word!" Mit diesem Satz auf den Lippen hatten sie sich voneinander verabschiedet.

Völlig entspannt lehnte der Mann sich zurück. Er fühlte sich auf einmal völlig frei. Der Druck der Verantwortung fiel von ihm ab. Seit dem Kampf und der Begegnung wußte er, dass eine neue Generation aufgetreten war, neue Führer kommen würden, der Kreislauf würde von vorne beginnen, vielleicht auf einer höheren Entwicklungsstufe, vielleicht auf einer niedrigeren. Das Wissen darüber war alleine bei Gott. Er war frei abzutreten, sein Zyklus war zu einem Ende gekommen. Er erwartete, dass die wirkliche Macht in Zukunft aus dem Süden ausgeübt werden würde – und er hatte keine Angst davor.

Personenregister